104
human
therapy

내가
그렇게
이상하다고?

내가 몰랐던
나를 이해하는 방법

오카다 다카시 지음
이담북스 편집부 옮김

이담북스

그레이존의 괴로움 극복하기

순탄한 인생의 비밀

발달장애를 진단할 때는 지능 검사를 비롯한 발달 검사가 반드시 필요하다. 검사 결과는 수치로 표현되므로 저마다 비슷한 양상을 보이지만, 일상생활에서는 확연한 차이를 보이는 사례가 있어 진료하면서 종종 놀랄 때가 있다. 이를 통해 발달장애를 가진 사람들은 단순히 지능의 차이뿐 아니라 그 세부적인 특징까지 공통된 부분을 가지고 있지만, 각각의 사회 적응력이나 활약상은 크게 다르다는 사실을 엿볼 수 있다.

물론 성향이 같으니 느끼는 괴로움 또한 서로 비슷하겠지만, 능력활용 면에서는 큰 차이를 보인다.

여기 두 사람이 있다고 가정해 보자.

두 사람 모두 언어적인 면에서는 언어 이해와 지각 조직화 Perceptual Organization라는 능력이 뛰어났다. 하지만 의외로 단순화 작업에 서투르고 처리 속도가 늦다는 공통적인 특성을 보였다. 또한 감각이 민감하고 고집이 세다는 점에서도 어려움을 안고 있는데, 어렸을 적에는 둘 다 집단 괴롭힘을 당했던 경험도 있었다.

다만, 한 사람은 이러한 부정적인 면을 가지고 있으면서도 언어 이해와 지각 조직화 같은 뛰어난 능력을 잘 살려서 명문 의과 대학을 졸업해 의사가 되었다. 전문직에 종사하며 말 못 할 고충이야 많겠지만, 책임감이 따르는 일을 능숙하게 해내며 살아간다. 그리고 다른 한 사람은 부정적인 경험에서 벗어나지 못한 채 사회적 교류 없이 10년 넘게 집에 틀어박혀 생활하고 있다. 앞서 의사가 된 사람보다도 더욱 뛰어난 언어 이해와 지각 조직화 능력을 가졌으면서도 이를 살리지 못하고 있다.

그 차이는 무엇일까? 물론 원인이 하나가 아니므로 단순화해 논의할 수 없지만, 일반적으로 발달장애나 발달 특성이라 인식하고 있는 것만으로는 설명할 수 없는 중요한 요소가 있다고 본다.

굳이 한 단어로 표현해 보자면 '살아가는 법'이지 않을까. 비슷한 특성과 어려움을 가졌어도 누군가는 사회에 잘 적응하거나 본인을 돋보이게 만드는 방법 혹은 여러 기회를 만들어 나가는 방법을 배우겠지만, 또 다른 누군가는 스스로 기회를 걷어차고 자신을 방치하며 살아가고 있지는 않을까? 이러한 하루를 매일 반복하며 살다 보면 결국 엄청난 격차가 생기게 된다.

여기에는 발달 검사로는 측정할 수 없는 요소도 작용한다. 앞서 언급된 두 사람 또한 첫인상이 크게 달랐다. 어려움 속에서도 인생을 열심히 살아가느냐 아니면 힘들게 살아가느냐로 나뉘는 비밀은 바로 이 인상의 차이에 숨겨져 있다.

그 차이는 이후 자세히 이야기하겠지만, 진단과 검사 수치만으로는 측정할 수 없는 요소도 있다는 사실을 알아두었으면 한다. 이 차이점은 그 사람의 '살아가는 법'과 밀접하게 연결되어 있는데, 본인과 주변 사람들의 자각과 노력으로 조금씩 변화시킬 수 있고 이러한 노력이 쌓여 사회 적응력에 큰 영향을 미친다.

발달에 관련된 과제와 특성을 극복해 내게 잘 맞는 순탄한 삶을 살려면 발달 특성을 이해하고, 또한 이를 뛰어넘는 '살아가는 법'을 배워 자신의 가능성을 활용하며 살아가는 법을 익히는 것이 매우 중요하다.

일상에서 쉽게 괴로움을 느끼는
그레이존 사람들

그레이존 사람들은 발달장애의 기준에 미치지 못하므로 실제로 장애 판정을 받은 사람들보다 비교적 증상이 가벼우니 일상 속 어려움도 당연히 적어야 마땅하다. 하지만, 실제로 이들이 일상에서 겪는 괴로움은 가볍다고 볼 수 없다. 오히려 더 심각한 경우일 때도 있다.

결국 장애로 진단받지 못한 그레이존 사람들은 어떠한 지원이나 보호 없이 타인과의 경쟁과 사회적 압박에 노출되고 마는 것이다. 이러한 냉혹한 현실은 이들의 괴로움을 가중시키는 이유 중 하나일 것이다. 주변 사람들이 그 사람의 특성을 이해하고 배려하기보다 '미숙한 사람', '이상한 사람', '제멋대로인 사람'으로 받아들이므로 부정적인 평가와 불리한 처우를 받기 쉽다.

학대나 집단 괴롭힘, 따돌림과 같은 가혹한 일을 당하는 경우도 많다. 이중, 삼중으로 받은 상처는 트라우마로 남아 오랫동안 벗어나질 못하고 안도감의 결여, 타인 불신, 자신감 부족, 회피적인 태도로 이어진다. 이러한 부분은 그 사람이 가진 장점과 강점을 살리지 못하도록 발목을 붙잡기도 한다.

특정 분야에서 뛰어난 능력을 보이는 그레이존 사람들도 많은데 이들은 부모로부터 높은 기대를 받기도 한다. 그러한 기대에 어느 정도까지는 부응할 수 있겠지만, 이윽고 한계에 다다라 좌절과 중도 탈락을 맛보게 된다. 이로 인해 자신감은 자기 부정으로 변하고 치욕감과 열등감, 죄책감에 계속 시달리게 된다.

누구보다 내 편이 되어야 할 부모와의 관계 역시 악화되기 쉽다. 부모가 이들의 마음을 헤아리지 않고 제멋대로 기대하거나 압박하고 평가하니 더는 아군으로 여길 수 없게 되어버렸기 때문이다.

발달장애를 바탕으로 극복하기

전작 『나는 왜 사는 게 힘들까?(동양북스)』에서는 일반적인 발달 특성을 여덟 개의 유형으로 나누어 각각의 특성에 따라 발생하는 어려움을 전문적인 내용과 함께 설명했다.

전작에서 소개한 대표적인 여덟 가지 유형은 다음과 같다.

① 같은 행동을 반복하는 유형 – 고집증, 집착증
② 분위기를 파악하지 못하는 유형 – 사회적 의사소통 장애
③ 상상을 어려워하는 유형 – 자폐 스펙트럼 장애 유형과 문과 성향의 뇌 유형
④ 공감을 어려워하는 유형 – 이과 성향의 뇌 유형과 S형

⑤ 남들보다 훨씬 더 예민한 유형 – HSP Highly sensitive person(매우 예민한 사람)와 불안형 애착 유형

⑥ 주의가 산만한 유형 – ADHD(주의력 결핍 과잉행동 장애)와 유사 ADHD

⑦ 움직임이 부자연스러운 유형 – 발달성 협응장애

⑧ 학습을 어려워하는 유형 – 학습장애와 경계선 지능

고정화되어 있던 기존 진단 방식으로는 제대로 포착하지 못했던 상태도 특성을 중심으로 이해하니 더욱 확실하게 파악할 수 있게 되었다.

전작을 읽고 본인의 문제와 괴로움의 정체를 제대로 파악할 수 있었다는 독자를 비롯해 많은 의견을 접할 수 있었다. 열렬한 호응을 보며 장애 판정을 받지는 않았으나 각자의 특성과 성향 때문에 생활하는 데 어려움을 겪는 사람이 얼마나 많은지를 새삼 통감할 수 있었다.

원래는 발달 특성을 어느 정도 설명한 다음, 발달 특성에 대한 더욱 자세한 지식과 이를 개선하기 위한 전문 훈련 방법을 알릴 계획이었다. 그러나 생각에 생각을 거듭하는 동안 이보다 더 중요한 일이 있다는 사실을 깨닫게 되었다.

서두에 이야기한 바와 같이, 사실 발달 특성을 배우는 것만으로는 이 문제를 극복하기 어렵다. 그레이존 사람들이 느끼는 괴

(8)

내가 그렇게 이상하다고?

로움에는 발달 특성뿐 아니라 애착 문제나 트라우마의 영향이 얽혀 있는 경우도 많다. 어떻게 해야 이 복잡한 문제를 해결하고 상황을 나아지게 하여 각자에게 어울리는 인생을 실현시킬 수 있을까.

여기에는 '나와 내 인생에 대한 태도'가 관련되어 있다. 익숙한 단어로 바꾸어 말하자면 '살아가는 법'이다. 그 차이가 기회와 행운을 가져오기도 하고 멀어지게 만들기도 한다. 그러므로 스스로 익히고 실천해야 할 '살아가는 법'을 알려주는 편이 훨씬 유익할 것이다.

괴로움을 없애고 나다운 인생 획득하기

나는 35년간 정신과 의사로 일을 하면서 발달 특성과 더불어 애착 문제와 마음의 상처 때문에 여러 가지 고통을 동시에 겪은 사람들의 회복을 돕는 일을 해왔다. 지금도 일본 전국 각지에서, 때로는 해외에서 수많은 사람이 매일같이 내가 근무하는 병원이나 고문으로 있는 상담 센터에 도움을 요청한다.

이렇게 다양한 임상 경험을 통해 생활에 어려움을 느끼던 사람이 정상적으로 회복하고 몰라보게 건강해질 뿐 아니라, 그 본연의 가능성을 꽃피운 경우도 수없이 봐왔다. 오랜 은둔 생활에서 벗어나 취직하거나 친구를 만나 새로운 즐거움을 만끽하는 사람도 있는가 하면, 자신과 어울리는 파트너를 만나 새로운 인생을 구축하는 사람도 있었다. 연구자로서 업적을 쌓거나 기업가로서 꿈을 실현시키거나 만화가, 아티스트로서 활약하기도 한다.

각자의 특성과 마음의 상처를 가진 채 부모와의 갈등이나 집단 따돌림으로 괴로워한 사람도 많다. 대부분은 사회에서 한번은 소외되어 밑바닥을 경험한 사람들이다. 그 상태에서 다시 일어서기는 결코 쉽지 않지만 그렇기에 회복하는 과정에서 얻을 수 있는 것도 많다.

임상이 가르쳐준 본질

임상의들은 임상 현장의 일선에 서서 원활한 일상을 보내기 위한 핵심은 무엇이고, 그 일상을 위해 피해야 할 방법과 유효한 방법은 무엇인지, 무엇을 목표로 삼고 노력해 나가야 하는지 밤낮으로 공부한다. 그리고 공부를 통해 얻은 경험치를 다음 임상에 활용하고, 현장에서 얻은 지혜를 사회에 환원하는 일을 반복해 나간다.

학술 연구와 집필 활동에서 배우는 것도 많지만, 나는 실제

진료를 볼 때, 그 속에서 얻은 감각과 경험적인 지혜에 의존한다. 이는 성공과 실패의 경험에서 얻은 근본적인 지침이자 개인적인 경험에서 깨달은 지혜도 함께 어우러져 있다.

어려움 속에서 나를 활용하며 '살아가는 법'을 배우고 익히기 위해서는 이와 같은 실천적 지식이 필요하다. 이 책은 그러한 실천적 지식을 정리하였다.

학술적 데이터나 이론 중심의 설명보다는 발달 특성과 애착 트라우마 등 마음의 상처를 지닌 채 일상에서 어려움을 겪는 사람들이 어떻게 살아가고, 행동하고, 기분을 조절하며 무엇을 향해 나아가면 좋은지를 일반 사람들도 이해하기 쉬운 형태로 서술했다. 모든 임상 현장과 실제 생활에 실질적으로 도움이 되었던 내용만을 담았으며 효과가 검증되지 않은 이론과 방법은 최대한 생략했다.

대부분은 사춘기나 청년기 이후부터 일상에서 겪는 어려움이나 본인의 문제를 자각하기 시작한다. 따라서, 이 책은 청년기부터 성인에 해당하는 사람들과 이들을 뒤에서 도와주는 가족, 조력자를 위한 내용으로 구성되어 있다. 다만, 그레이존 사람들이 일상에서 느끼는 어려움의 근원은 대부분 유년기나 학동기의 경험에서 찾아볼 수 있다.

이러한 점을 생각했을 때, 어린 자녀를 둔 부모는 자녀의 현재 모습뿐 아니라 미래까지도 염두에 두고 자녀가 어떤 방향을 향해 나아가도록 도와주어야 하는지, 그러기 위해서는 어떠한 마음가짐을 가지고 어떻게 다가가야 좋을지를 아는 일이 중요하다.

'살아가는 법'이라는 주제는 발달 문제에만 국한되는 것이 아니라 누구에게나 적용되는 보편적인 주제라고 할 수 있다. 발달 과제와 불안정한 애착, 트라우마 같은 문제를 안고 있는 사람에게 살아가는 법은 훨씬 어렵고 응축된 시련으로 다가온다. 하지만, 그렇기 때문에 이러한 어려움과 시련 속에서 찾아낸 지혜와 요령을 통해 성장과 도약을 이뤄내기도 한다.

이 책과의 만남으로 자신이 살아가는 법을 되돌아보고 새로운 깨달음을 얻는 계기가 되기를 바란다.

또한 이 책에 등장하는 수많은 사례들은 실제 사례를 바탕으로 재구성한 것이며, 특정 사례와는 관계가 없음을 미리 밝혀둔다.

Contents

들어가며: 그레이존의 괴로움 극복하기　3

제1장　　　　　　수면과 생활 패턴 가다듬기

성공의 토대는 질 좋은 수면과 안정된 생활 패턴 21 | 일어나기 힘든 아침 22 | 청년기에 숨어 있는 함정 23 | 변하는 계절 속 더욱 힘든 아침 기상 26 | 그럼에도 일어나지 못한다면 27 | 아침 스트레칭과 오후 걷기 운동 30 | 눈을 뜨는 것부터 시작하는 개선의 열쇠 31 | 한밤중에 깨는 사람들을 위해 32

제2장　　　　　　즐겁고 편안한 루틴 만들기

의욕과 활력이 넘치는 사람들의 공통점 39 | 꾸준히 노력하려면 41 | 몸과 대화하는 시간 42 | [사례1] 불안 장애 진단을 받은 40대 여성 45 | [사례2] 경미한 자폐 스펙트럼 경향이 있는 대학생 46 | 일상의 가치를 소중히 하기 49 | 일상 속 괴로움을 줄이는 규칙적인 생활의 힘 51 | 모든 일이 귀찮다 52 | 게으른 사람의 뇌에는 명확한 지시가 필요하다 53 | 유혹에 취약한 뇌 – 방심하지도, 빈틈을 주지도 않는다 56 | [사례3] 쇼핑 중독에 빠진 여성 56 | 첫 선택에 승패가 결정된다 58 | 아침은 든든하게, 점심은 가볍게 먹기 59 | 일상에서 집행 기능 훈련하기 62 | 작업 기억의 '갱신' 64

제3장 　　　　　　　　　　　　　센스 있는 사람 되기

인생을 좌우하는 열쇠 71 | 호감으로 상대의 마음 사로잡기 73 | 무뚝뚝해 보이는 그레이존 사람들 74 | [사례4] 붙임성 좋았던 알프레트 아들러 75 | 사람을 끌어당기는 가장 큰 요인 78 | 여성이 제일 싫어하는 것 80 | [사례5] 남루한 모습의 앤디 워홀 82 | [사례6] 언제 어디서든 완벽한 차림새였던 레이 크록 83 | 강압적인 태도에서 느껴지는 가정 폭력의 낌새 85 | 상대가 싫어하는 표정을 짓는다면 멈춰라 86 | 자녀에게 억지로 강요하지 않기 87 | 유혹에도 공식이 있다 88 | [사례7] 부부 관계를 고민하는 남성의 마지막 상담 90 | 저항에 저항하지 않기 91

제4장 　　　　　마음을 열고 안전기지 구축하기

함께 있기만 해도 힘이 나고 행복해지는 사람 97 | 친밀한 관계나 신뢰 관계를 쌓기 위해 98 | 마음을 열면 가능성이 넓어진다 100 | 마음을 열면 상대방의 마음도 열린다 102 | 마음이 열린다는 것 103 | 마음을 여는 일, '안전기지'가 된다는 것 105 | 열린 마음의 힘 106 | [사례8] 은둔형 외톨이였던 K씨가 회복할 수 있었던 이유 108 | 마음을 열려고 할 때 상처 주는 사람에게는 112

제5장 　　　　　　　　　　　　　　　　나를 지키기

[사례9] 거절하기 어려운 동료의 부탁 117 | 상대의 요구를 거절하지 못하는 그레이존 사람들 118 | 나를 위해 능숙하게 거절하는 법 120 | [사례10] 남을 탓하지 않는 50대 남성 120 | 현명하게 '거절 신호' 보내기 123 | 어려운 상대와는 예의 있게 거리 두기 125 | 공자의 지혜 127 | 내 입장을 솔직하게 전하는 법 128 | 하고 싶은 일을 확실하게 정하기 130 | 타인의 힘을 빌려라 131 | [사례11] 괴로운 경험이 융에게 준 교훈 132 | 내게 맞지 않는 일은 내려놓기 136 | 도망쳐도 좋다 137 | [사례12] 죽을 각오로 덤벼야 성공한다 139

Contents

제6장　　　　집착과 흑백 사고에서 벗어나기

사람을 얽매는 규칙과 고집 147 | [사례13] 자녀와의 동거가 스트레스로 150 | 고집
을 강요하지 않기 151 | 상대방 입장에서 생각하는 습관 153 | 규율이 먼저일까 감
정이 먼저일까 154 | 말투 하나에도 지나치게 신경 쓰는 이유 158 | 흑백 사고에 갇
히지 않기 159 | [사례14] 상반되는 관점을 동시에 가지다 161 | 이분법적 사고를 극
복하기 162 | 내 뜻과 다르게 일이 흘러갈 때 165 | 공황을 극복하는 일곱 가지 단계
166 | [사례15] 운전대만 잡으면 돌변하는 G씨 169 | 패턴의 변화가 가능성을 넓히다
171 | [사례16] 행동이 변하면 내면도 바뀌게 된다 172

제7장　　　　불안과 부정적인 감정에 대처하기

불안이 사라진 사람들의 공통점 177 | 사소한 일에도 쉽게 우울해하고 오랫동안 힘들
어하는 사람 180 | [사례17] 타인과 비교하여 자신의 가치를 판단한다 180 | 스스로
에 대한 부정적인 생각에서 탈출하기 182 | 불안 대처법 익히기 184 | 불안과 공황 발
작 대처법 185 | 감정을 바꿀 수 없다면 행동을 바꿔보자 188 | 생각의 되새김을 멈추
려면 191 | 자기 긍정감을 높이는 방법 193

제8장　　　　주도적인 인생 살기

행운도 불운도 스스로 부르는 것 201 | 나의 실패 유형 깨닫기 203 | 감정 기복 심하다
면 집착을 다스려라 205 | [사례18] 정의감이 강해 갈등을 겪는 40대 남성 206 | 강
점을 발휘할 수 있는 환경 208 | [사례19] 주의력 결핍 과잉행동 장애의 특징을 가진
남성 209 | [사례20] 자신의 성향을 깨닫고 공인회계사가 되다 210 | 새로움을 추구
하는 사람은 자극 중독을 경계하라 211 | 성공의 리듬을 유지하라 214 | 모든 것이 잘
풀릴수록 마음을 다잡기 217

제9장   나 자신과 연결되기

사람은 그리는 미래에 따라 변한다 223 | 그레이존 사람들이 겪는 가장 큰 딜레마 225 | 균형 잡힌 부모 – 자녀 관계의 특징 227 | 특성을 뛰어넘어 삶을 움직이는 힘 228 | 개과천선이나 재기라고 부르는 현상 229 | [사례21] 문제아였던 노벨상 수상자 산티아고 라몬 이 카할 230 | [사례22] 아버지도 포기했던 카할이 공부에 눈을 뜬 순간 234 | [사례23] 취직하려던 중학생이 진학을 결심한 이유 237 | [사례24] 수학을 싫어했던 알프레드 아들러의 변화 238 | [사례25] 어린 융이 새롭게 태어난 날 239 | 나 자신과의 관계 이해하기 241 | [사례26] 불량아였던 크레이그 벤터, 세계적인 학자가 되다 243 | 주체성을 되찾다 248 | [사례27] 자신의 가능성을 믿지 못한 S씨 250 | [사례28] 회피하는 버릇에서 벗어난 F씨 252 | 자신의 가치를 인정받는 경험 255 | [사례29] 어떤 일이든 금방 그만두었던 청년을 변화시킨 계기 256

제10장   고생 끝에 값진 보상받기

특별한 아군이 되다 265 | 방황 속 여러 가지를 시도해보는 시기, 청년기 268 | 마음을 열면 가능성도 열린다 269 | 실패해도 언젠가 보상으로 돌아온다 271

주석 274
참고도서 277

제1장

수면과
생활 패턴
가다듬기

성공의 토대는 질 좋은 수면과 안정된 생활 패턴

경도의 발달 문제를 지닌 그레이존 사람들은 대부분 그 특성과 편향된 요인 때문에 자기 통제, 자기 돌봄, 생활 관리와 같은 자기 관리 능력에 어려움을 겪는다. 건강과 생활의 기반이 부실하다면 삶은 혼란에 빠지게 되고 실패와 실수만 연발함으로써 본연의 능력 역시 발휘할 수 없게 된다.

제아무리 능력이 뛰어나도 늦잠을 자서 시험을 치르지 못한다면 합격할 수 없고, 잠이 부족해 컨디션이 나빠진다면 무슨 일을 하든 집중력은 떨어지게 되어 있다.

순탄한 삶을 위해서는 건강과 규칙적인 생활이 뒷받침되어야 한다. 기본 바탕을 제외한다면 아무리 어려운 일을 하려고 한들 헛수고에 지나지 않는다. 생산적으로 살기 위해서도 이는 무척 중요하다.

일어나기 힘든 아침

일단, 수면 패턴은 건강 관리나 자기 돌봄의 중요한 기본 바탕이다. 불안정한 수면 패턴은 생활과 건강 모두에 영향을 준다.

그레이존 사람은 신경과민과 저등록(예민함과는 반대로 신경이 전환되기 어려운 일)을 동시에 갖고 있는 경향 때문에 대부분 밤에는 좀처럼 잠들지 못하고 다음 날 아침에 힘들게 일어난다. 그 중에는 금세 잠이 들어도 한밤중에 깨면 다시 잠들지 못해 결국 다음 날 하루 종일 조는 사람도 적지 않다.

사람의 수면 패턴은 시기에 따라 달라지므로, 지금 자신의 상태에 맞게 최적화시킬 줄 알아야 한다. 뛰어난 야구 선수가 시즌 중에도 컨디션에 맞춰 자신의 폼을 계속 미세하게 조정하는 것처럼 말이다. 따라서, 이 장에서는 수면 패턴 붕괴와 발달 특성의 관계에 대해 이해하고 이를 조정하는 기술을 배워보기로 한다.

나 또한 원래 아침에 잘 일어나지 못했는데, 특히 대학생이던 열여덟 살부터 이십 대 중반까지가 절정이었다. 그때는 아직 자기 관리의 요령이 없었던 데다가 자취를 시작했던 것도 큰 영향을 끼쳤다고 생각한다. 발달과 애착에 문제가 있는 그레이존 사람은 정신적으로나 생활 능력 면에서 자립하지 못한 경우가 많다.

청년기에 숨어 있는 함정

관계를 거의 맺지 않는 회피형(사람에게 기대도, 의존도 하지 않으며 애착이 거의 없는 유형) 사람은 대부분 이른 시기에 자립해 자기 앞가림을 하지만, 이들조차 청년기에는 일종의 퇴행이 일어나 생활 관리 능력이 떨어지기 쉽다. 생활 패턴이 엉망이 되거나 밤낮이 바뀌기도 한다. 또 어릴 적에는 가능했던 일도 하지 못하거나 하지 않게 되기도 한다.

여기에는 몇 가지 요인이 연관되어 있다.

우선은 이 시기가 쉽게 민감해지는 시기라는 점을 들 수 있다. 그레이존 사람은 대체로 민감한데 사춘기와 청년기에는 그 정도가 특히 더 강해진다. 그러면 어떤 일이 벌어질까.

똑같은 상황이라 하더라도 평소보다 몇 배나 더 피곤함을 느낀다. 상처받거나 불쾌함을 느끼는 일이 늘어나고 주위 어른, 선배, 동료나 친구들이 하는 말에 충격을 받기도 한다. 그렇게 되면 아침에 일어날 기운도 없고 학교에 가는 것조차 싫어져 그대로 잠들고 싶은 유혹에 넘어가 버린다.

또한, 아이에서 어른으로 성장하는 이행기에는 지금까지 지내왔던 낮의 세계에서 벗어나 밤의 세계를 알게 되기 때문이라는 이유도 있다. 그때까지 자녀가 밤의 세계에 발을 들이지 못하도록 부모가 유지하고자 했던 규칙이나 습관이 무너지기 시작한다.

밤의 세계를 자각한다는 것은 어른의 세계를 알게 된다는 뜻이자 성性과 일탈에 대해 자각한다는 뜻이기도 하다. 낮과 다른 비일상적이고 신비한 미지의 세계와 맞닥뜨리면서 그러한 밤의 모습에 매료되기도 한다.

부모가 정한 규칙을 어기는 일이겠지만, 늦은 밤까지 깨어 있는 행동은 마치 어른이 된 듯한 자유로운 해방감을 준다. 따라서, 어찌 보면 밤의 세계를 아는 일은 성장하는 아이들에게 필요한 통과 의례라 볼 수도 있다.

밤 10시에 일찍 취침하는 대학생을 보며 아직 어리다고 주변 사람들이 비웃는 것도 어른이라면 밤의 세계를 더 잘 알아야 한다는 인식 때문이다.

나는 대학 시절에 셰익스피어의 전 작품을 번역하며 왕성하게 활동하시던 오다시마 유시 小田島雄志 선생님의 영어 강의를 들은 적이 있다. 그때 선생님께서 매달 서른 편의 연극을 보신다며, 밤 12시는 아직 초저녁이라고 하셨던 말씀이 기억에 남는다. 이제 막 성인이 된 대학생들을 상대로 베일에 감춰진 어른들의 시간은 그때부터 시작된다는 사실을 은근슬쩍 자랑하려던 셈이었겠지만, 사실 학생들의 생활도 별반 다르지 않았다.

애당초 선생님이 말씀하시는 그 시간에는 학생들과 거리가 먼 아름다운 여배우나 재치 있는 대화 그리고 고급술이 있었을 거라 상상할 뿐이었다. 당시 선생님 연세가 쉰이 넘으셨지만 어떻게 보면 지긋한 나이에도 대학생과 다름없는 생활과 감각을 유지하고 있다는 뜻이니 학생들은 오히려 그 젊은 감각에 경의를 표하며 크게 웃음을 터뜨렸는지도 모른다.

밤의 세계를 경험하는 일은 어른으로 가는 관문이기도 하지만 아직 밤의 세계가 익숙하지 않다면 새벽이 밝아 올 때까지 깨어 있다가 아침에 잠드는 패턴이 당연한 일상이 되어버리기도 한다.

젊은 사람들은 자율신경과 생체시계 조절의 기능이 약하기 때문에 한 번 생활 패턴이 무너지기 시작하면 생체 리듬을 되찾는 일이 쉽지 않아 문제가 된다. 그레이존 아이들은 이런 경향이 더욱 뚜렷하게 나타나는데, 아침에 눈을 뜨지 못하고 점심이나 저녁 무렵에 겨우 일어나곤 한다.

그러면 자연스럽게 체력도 떨어지게 된다. 낮에는 움직이려고 해도 현기증이 일거나 쉽게 피곤해지거나 머리가 멍해져 결국 침대에 누워 뒹굴거리다 밤이 되어야 겨우 기운을 차린다. 안타깝게도 이러한 생체 리듬은 원래대로 돌아오기 쉽지 않다.

변하는 계절 속 더욱 힘든 아침 기상

계절적 요인도 무시할 수 없다. 특히 가을에서 겨울로 넘어가는 시기에 점점 아침이 버겁고 일어나기 힘든 경우가 많다.

지구는 공전 궤도면을 기준으로 자전축이 기울어져 있기 때문에 일조 시간이 짧아지고 기온이 내려가면서 계절의 변화가 발생한다. 날씨는 생각보다 우리에게 많은 영향을 미친다. 매년 이 시기가 되면 기분도 저하되고 물먹은 솜처럼 계속 잠만 자는 사람도 있다. 이처럼 그레이존 사람들은 햇빛과 기온, 기압 등의 변화에 민감하게 반응하기도 한다.

아침에 일어나기 힘들어졌다는 환자를 진찰할 때 나는 가장 먼저 창문 상태를 확인한다. 가을에서 겨울로 넘어가는 시기에 암막 커튼이 있으면 훨씬 일어나기 힘들다. 여름도 마찬가지다. 햇빛은 수면과 각성 패턴을 결정짓는 중요한 역할을 한다. 따라서 얇은 커튼으로 바꾸거나 살짝 젖혀 두기만 해도 쉽게 일어날 수 있다.

날씨가 추워서 기상이 어렵다면 일어나기 약 한 시간 전부터 난방 온도를 높이면 도움이 된다. 오히려 기온이 낮고 어두운 환경에서는 잠이 쏟아지지만 반대로 너무 더우면 자다가 잠에서 깨거나 악몽을 꿀 수 있다. 그래서 겨울에는 난방을 틀어두었다가 침대에 누울 때 난방을 끄거나 온도를 낮추면 좋고, 만약 여름에 눈이 너무 빨리 떠진다면 암막 커튼이나 안대로 햇빛을 막는 것이 효과적이다.

그럼에도 일어나지 못한다면

여러 방법에도 좀처럼 아침에 일어나지 못하거나 어떻게든 일어났음에도 자는 시간이 애매한 탓에 결국 생활 패턴이 깨져 버린다면 어떻게 해야 할까.

이럴 때는 처음부터 정해진 시간에 일어나려고 하지 말고, 평소보다 30분만 일찍 일어나려고 노력해 보자. 그렇게만 해도 가벼운 수면 부채Sleep debt(충분하지 못한 수면이 오랜 시간 지속되어 건강에 부정적인 영향을 미치는 것)가 발생해 평소보다 빨리 잠들 수 있게 된다. 이 방법이 습관으로 자리 잡게 되면 기상 시간을 30분씩 앞당겨 원하는 시간에 맞춰 일어날 수 있도록 한다.

잠을 오래 자는 사람은 수면에 예민해서 잠이 조금만 부족해도 매우 불만스러워한다. 완벽한 수면을 취하려고 필요 이상으로 오래 누워 있어도 쉽게 잠들지 못하면 그마저도 못마땅하게 여긴다.

그렇다면 5분 이내로 빠르게 잠드는 사람은 어떤 유형일까? 이들은 약간의 수면 부채를 항상 안고 있어 잠이 조금 부족한 상태이기에 쉽게 잠들 수 있고 숙면도 취할 수 있다. 잠은 충분히 자되, 쉽게 잠들지 못하는 수면 패턴을 개선하려면 잠이 모자란 상태가 오히려 더 건강하다는 사실을 이해하고 수면에 대한 인식을 바꾸는 방법이 효과적이다. 물론, 심한 수면 부족도 좋지 않지만, 그렇다고 잠을 과하게 자면 당연히 기분이 처지고 활력도 저하될 수밖에 없다.

일은 이러한 패턴에서 벗어날 수 있는 길을 제공하고, 많은 사람에게 생활 리듬을 조율하는 역할을 한다. 방탕한 생활에 빠진 학생이 규칙적인 삶을 되찾으려고 한다면 아르바이트나 취직이 가장 효과적이다. 즉, 사람은 사회적 책임과 보수라는 강제력이 작용하면 마지못해 일어나게 된다. 이를 반복하는 사이 생활 리듬이 바로잡히고 자율신경과 생체시계 조절의 기능도 단련된다.

그러나 아르바이트조차 견디지 못할 정도로 낮과 밤이 뒤바뀌어 있고, 체력도 극도로 떨어진 상태라면 우선 일상생활에서 남에게 맡기지 않고 직접 집안일을 하면서 재기의 발판을 마련해야 한다. 할 줄 아는 것이 없어도 일어나 앉아 있는 일 자체로 의미가 있다.

장시간 누워 있으면 몸을 지탱할 필요가 없어 장요근과 같은 체간을 잡아주는 근육이 퇴화해 버린다. 그러면 올바른 자세를 유지할 수 없게 되므로 앉아 있기만 해도 피곤해져 다시 눕게 되는 악순환에 빠진다.

재활 전문 병원에 가 보면 칠팔십 대 어르신들이 뇌경색 등의 후유증으로 재활 치료를 받고 있는 모습을 볼 수 있다. 하루에 몇 시간씩 받는 재활 치료는 그 자체만으로도 엄청난 중노동이지만, 병원에서는 치료가 끝나도 특별한 이유 없이는 환자를 침대에 눕히지 않고, 취침 시간 이외에는 앉아 있도록 유도한다. 오래 누워 있으면 근육이 퇴화할 뿐 아니라 폐 등의 기능에도 영향을 주기 때문이다.

뇌경색에 걸린 팔십 대 어르신도 그러한 훈련을 받으며 장기 기능 저하와 싸우고 있다. 그러니 젊은 세대가 잠이 부족하다며 누워 있을 필요는 더더욱 없다. 밤에 푹 자고 싶다면 낮에는 눕지 말고 조금이라도 활동해야 한다는 사실을 명심해야 한다. 그러면 잠이 들 때까지 기다릴 필요 없이 금세 잠들 수 있고, 수면의 질도 개선되어 숙면을 취할 수 있게 된다.

아침 스트레칭과 오후 걷기 운동

아침에 하는 스트레칭은 생활 패턴과 몸 상태를 유지하는 데 매우 효과적이다. 오후에 산책하는 것도 추천하는데, 한여름에는 더우니 아침이나 저녁에 걸으면 좋다.

만약 당신이 아침에 잘 일어나지 못한다면 아침 걷기 운동은 작심삼일로 끝날 가능성이 있다. 또한, 추운 날씨에는 갑작스러운 운동은 심장에 부담이 가 심근 경색 같은 질환의 발생 위험이 커질 수도 있다. 많은 사람이 저녁에 걷기 운동을 하겠지만, 낮과 밤의 생체 리듬 관점에서 봤을 때 저녁 식사 후 운동은 그다지 추천하지 않는다. 식사 후에 부교감 신경이 활성화되어 몸이 이완된 상태에서 걷기 운동을 하면 자율 신경계의 균형이 무너지기 쉽다. 밤에 잠들지 못하거나 자려고 하면 가슴이 두근거릴 수도 있다.

어차피 운동할 계획이라면 오후가 적당하다. 가능하면 해가 떠 있을 때가 가장 좋고 저녁 식사 전이라면 문제없다.

아침에는 스트레칭을 추천한다. 몸의 긴장을 풀고 하루를 시작하는 데 더없이 좋은 습관이다. 좀처럼 이불에서 나오기 힘든 사람도 우선은 이불 속에서 발목을 돌리거나 몸을 쭉 펴는 스트레칭을 하면 좋다.

물론, 거실로 나와 카펫이나 매트 위에서 해도 좋다. 스트레칭 이외에 요가나 필라테스, 명상처럼 아침을 여는 데 도움이 되는 습관들도 추천할 만하다. 잠들어 있던 사이 굳었던 몸이 풀리면 혈액 순환도 활발해지고 활력도 생긴다. 몸이 이완되면 마음도 자연스럽게 풀리게 되니 싫은 일 때문에 받을 스트레스도 잘 넘길 수 있는 준비 운동이 된다.

눈을 뜨는 것부터 시작하는 개선의 열쇠

아무리 해도 아침에 일어나기 힘들고 시동을 걸기 힘든 사람에게는 약 처방이라는 선택지도 있다. 사용하기 쉽고, 비교적 안전하며 의존성이 없다는 점에서 아리피프라졸(상표명: 아빌리파이)이라는 약을 추천한다.

오로나민C로 유명한 오츠카 제약이 개발한 정신 신경 안정제로 투여량에 따라 그 효과가 달라진다. 다량을 복용하면 환각, 망상이나 조증 상태를 개선하는 강력한 안정제 역할을 하고, 소량을 복용하면 우울한 상태와 민감한 성향을 안정시켜 준다.

이 약은 소량 복용 시 아침잠을 깨운다는 특징도 가지고 있다. 이 때문에 과도한 수면을 동반하는 우울증과 아침 기상이 힘든 젊은이들에게 우울증 치료제로 종종 사용된다.

아리피프라졸은 자폐 스펙트럼 장애ASD에 동반되는 감각 과민이나 짜증, 공황, 안면 경련 등의 개선에도 효과가 있어 아이들에게도 처방할 수 있다. 어른은 말할 것도 없다. 예민하고 쉽게 피곤해지고 아침에 약한 사람이라면 한 번쯤 시도해 볼 만한 가치가 있다.

한밤중에 깨는 사람들을 위해

아침에 일어나기는 어려워도 쉽게 잠은 잘 드는데 한밤중이나 새벽에 깨서 좀처럼 다시 잠들지 못하는 사람도 있다. 이런 사람들은 다음 날까지 졸음이 쏟아져서 의욕을 잃고 업무 능률이 떨어지거나 생활 패턴이 깨지기도 한다.

이는 수면상睡眠相(수면 시간대)이 늦춰진 것이 아니라 오히려 빨라진 상태라고 할 수 있다. 이러한 상태에서 아침 일찍부터 몸을 움직이게 되면 수면상이 한층 더 앞당겨져 같은 패턴에서 벗어나지 못할 뿐 아니라 피곤이 쌓이는 원인이 되기도 한다.

만약 당신이 밤이나 새벽에 깨서 다시 잠들기 어렵다면 아침이 아닌 오후나 저녁에 운동해 보자. 경우에 따라서는 저녁 식사 이후에 가볍게 운동을 해봐도 좋다. 일반적으로 저녁을 먹은 이후로는 근육을 사용하는 운동이 아닌 몸을 이완시키는 운동을 중심으로 해야 수면에 도움이 되겠지만 지금처럼 수면상이 앞당겨졌을 때는 오후나 저녁처럼 졸음이 오는 시간대에 가볍게 몸을 움직여 교감신경을 활성화시켜 졸음을 쫓는 것이 좋다.

직접 운동을 하지 않더라도 게임이나 퍼즐, 스포츠 경기 관람과 같이 뇌를 자극하여 도파민을 분비시키는 활동도 졸음을 쫓을 수 있다.

수면상이 늦춰졌거나 뒤로 밀리는 경향이 있는 사람에게는 효과가 없거나 오히려 권장하지 않는 방법이 반대인 사람에게는 분명한 효과를 보이기도 한다.

커튼을 꼼꼼히 쳐서 방을 어둡게 만들고 실내 온도도 낮게 설정하면 밤중에 깨는 일이 줄어들 것이다.

잠에서 쉽게 깬다면 본인이 우울한 상태는 아닌지 주의해야 한다. 우울한 상태에서는 잠을 너무 많이 자거나 새벽에 일찍 일어나는 증상을 보이기도 하는데 젊은 사람들은 주로 전자에 해당하고 중장년층은 대부분 후자에 속한다.

우울함 때문에 아침에 일찍 일어난다면, 렘REM수면에 가까운 얕은 수면 단계에 들지 못해 뇌에 피로가 쉽게 쌓이고 집중력과 기억력도 저하될 수 있다. 예전에는 어렵지 않게 해낸 일들이 지금은 시간이 꽤 걸리거나 제대로 해내지 못해 짜증이 난다면 우울한 상태일 가능성이 높다.

이런 상태에서는 일반 수면제를 먹어도 푹 잔 느낌이 없고 멍한 느낌만 남아 있을 텐데, 이때 미르타자핀이라는 항우울제를

소량 복용하면 숙면을 취할 수 있는 데다가 우울도 개선되므로
점차 몸 상태가 좋아지는 효과를 볼 수 있다.

제2장

즐겁고
편안한
루틴 만들기

의욕과 활력이 넘치는 사람들의 공통점

적절한 기쁨과 수행해야 할 역할은 사람들의 건강한 삶에 꼭 필요한 요소다. 사람은 기쁨 없이는 살 수 없다. 우울증에 걸린 사람이 쉽게 삶을 포기하는 이유 또한 기쁨을 느끼지 못하기 때문이다.

의무감이 강하고 책임을 지나치게 떠안는 유형의 사람은 우울증에 걸리기 쉽다. 집착과 강박 경향이 두드러지는 '그레이존' 사람들도 후보군에 속하므로 주의가 필요하다.

반면, 해야 할 역할과 스트레스가 너무 없는 상황이 오히려 스트레스가 되어 활력을 잃어버리기도 한다.

퇴직을 손꼽아 기다렸던 직장인이 막상 퇴직하고 나니 우울함을 느끼거나 치매에 걸려 빨리 세상을 떠나는 일도 많다. 자녀들이 독립하는 시기에 부모는 빈 둥지 증후군에 걸리기 쉽다. 이는 숨 돌릴 틈도 없이 힘들었던 육아나 집안일에서 삶의 보람을 느끼기도 했다는 사실을 보여주기도 한다.

자유로운 생활은 오히려 사람의 활력을 떨어뜨린다. 사장과 일반 근로자의 평균 수명을 비교한 연구를 보면, 사장은 큰 책임감을 느끼며 장시간 일을 했음에도 불구하고 일반 근로자보다 대체로 건강하게 오래 산다고 한다.

책임은 막중하지만 주체적으로 행동할 수 있고 보람과 보상도 큰 편이 활력과 더불어 건강에도 긍정적인 영향을 주는 듯하다. 물론 여기에는 적당함과 균형이 중요하다.

즐거움과 보람, 부담과 책임의 크기가 적절한 조화를 이루는 것이 의욕과 활력을 유지하는 데에 필수적이라고 볼 수 있다. 만약 누군가가 의욕과 활력이 넘친다면 책임과 부담도 크겠지만 그만큼 즐거움이나 보람 같은 보상을 받고 있는 셈이다.

책임과 부담은 열심히 하면 할수록 늘어나는 경향이 있다. 반면, 즐거움과 보람 같은 보상은 바빠지면 줄어들기 마련이다. 또한, 보람이라는 요소는 자신의 노력만으로 얻기 힘들 때도 있다.

그러므로 즐거움을 주는 활동이나 습관은 스스로 관리할 수 있어야 한다. 평소 나에게 즐거움을 주는 활동을 가져야 하며 아무리 바쁘더라도 그 시간을 챙기려는 자세가 중요하다고 할 수 있겠다.

꾸준히 노력하려면

내가 대입 시험을 준비할 때쯤, 매일 밤 TV에서 『내일의 죠あしたのジョー』를 재방송했다. 저녁을 먹고 이 만화 영화를 보는 일상이 나에겐 큰 즐거움이었다.

의사 국가시험을 준비할 때도 점심을 먹은 뒤 일일드라마를 세 편 정도 연속해서 보며 스트레스를 풀었다. 국가고시와 같이 중요한 시험을 앞두고 드라마에 한 시간 반이나 투자하는 건 시간 낭비라 생각할 수도 있다. 하지만 아침부터 밤까지 하루 종일 의욕과 집중력을 유지하려면 오히려 적극적으로 휴식을 취해야 한다.

산책을 하듯 드라마나 애니메이션을 정해진 시간만큼 즐기는 일은 마치 비타민 음료처럼 수험 생활에 안정감을 가져다 주었다.

그 이후로도 매일 조금씩 같은 책을 읽거나 드라마를 보는 일은 나에게 생활 패턴을 유지하고 심리적 안정과 의욕, 활력을 가져다주는 데 도움이 되었다. 나는 지금도 자기 전에 책을 읽는다. 기분이 나빴던 날에도 어제 읽었던 부분으로 돌아가 그 세계에 잠시 빠져 있다 보면 마음이 진정되고 잠도 잘 온다.

누구든 숨통을 틔울 수 있는 무언가가 있다면 가슴이 답답해지는 일을 막아 주거나 마음속에 쌓여 있는 부정적인 기분을 조금이나마 해소할 수 있다.

당신에게 파트너나 교제 중인 상대가 있고, 서로 안정적인 관계를 맺고 있을 때는 위안과 안정감을 받을 수 있겠지만, 상대방도 나와 같은 사람이기에 관계에서 한 가지만 틀어져도 발목을 붙잡힐 수 있다.

상대방의 말이나 태도에 휘둘리거나 천국과 지옥을 오가는 듯한 불안정한 관계라면 업무에도 영향을 준다. 차라리 혼자 있는 편이 어떤 일에 집중하기 더 좋을 때도 있다.

몸과 대화하는 시간

그레이존 사람들은 종종 자신의 몸을 소중히 여기지 않는다. 특히 자폐 스펙트럼의 특성을 보이는 사람은 신체 감각에 대한 관심이나 주의가 부족하여 자신에게 몸이라는 신체 부위가 있다는 사실을 잊고 지내기도 한다.

관심사에 지나치게 집중하거나 특정한 일에만 몰두하다 보니 자신의 몸 상태나 감정을 간과해 버린다. 민감하게 반응하면서도 어떤 부분에서는 둔감(저등록이 높은 상태)하게 반응하는 경우가 나타나기도 한다. 무언가를 천천히 음미하거나 몸의 감각과 움직임을 즐기는 능력이 발달하지 않은 상태이다.

식사는 단지 영양 공급이나 공복을 해결하기 위한 행위일 뿐 음식 자체에 관심이 없거나, 몸을 움직이는 일은 모두 억지로 해야 하니 귀찮다고 생각하는 사람도 있다.

반면, 학습장애LD나 주의력 결핍 과잉행동 장애ADHD(이하 'ADHD'라 한다) 유형은 신체 감각과 몸의 움직임이 뛰어나 실제로 관련 분야(운동이나 춤, 요리 등)에서 재미를 발견하는 사람도 많다. 다만, 이러한 사람들도 성급한 성향이 강하면 천천히 음미하고 즐기는 일을 어려워하기도 한다.

인생을 풍부하게 하는 동시에 심신의 균형을 맞추기 위해서는 내 몸, 그리고 몸의 감각과 대화하는 일이 매우 중요하다.

일반적으로 스트레칭이나 산책을 추천한다. 자신의 취향과 체력을 고려해 근육 운동, 필라테스, 요가, 마음챙김mindfulness 같은 활동이나 다도, 무용, 댄스 등 다양한 신체 활동을 할 수 있다.

여기서 핵심은 내 몸이 느끼는 감각에 주의를 기울이고, 이를 천천히 음미하면서 몸과 소통하는 것이다. 스포츠 경기에서는 기술

즐겁고 편안한 루틴 만들기

이나 성적 향상을 목표로 하지만, 강해지기 위해 몸을 움직이고 단련시키기보다 그 자체를 즐기고 음미하려고 한다면 심신의 안정에 다양한 효용을 가져온다.

우울증 환자를 대상으로 한 연구에서 운동은 약물 요법과 동일한 효과를 보이면서도, 재발 가능성은 훨씬 낮다는 결과를 발표했다. 또한 다양한 생활습관병(성인병) 예방과 치료에도 좋은 효과가 있다고 한다.

그러나 대부분 운동을 필요 이상으로 열심히 하는 실수를 저지르곤 한다. 고강도 운동은 일시적인 효과는 있겠지만 오래 지속할 수 없을뿐더러 몸을 상하게 할 위험 또한 높다. 몸이 보내는 신호를 무시한 채 평소 운동 습관이 만들어져 있지 않은 몸을 갑자기 혹사시킨다면 오히려 금세 지쳐서 그만두거나 건강을 해치는 역효과가 발생한다.

신체 단련이나 운동 시간 증가, 몸무게 감량이 목표가 되어서는 안 된다. 어디까지나 몸과 대화를 나누고 몸을 움직이거나 몸이 느끼는 감각을 즐기는 것에 중점을 두어야 한다.

명상이나 마음챙김, 요가 등은 몸을 기계처럼 단련시키는 것이 아니라 몸의 감각을 음미하는 것을 중시하는 활동이다. 이것이 심신의 균형을 맞추는 데 도움이 되는 이유다.

불안 장애 진단을 받은 40대 여성

40대 초반인 N씨는 어릴 적부터 쉽게 민감해지거나 불안해하곤 했다.

20대에 불안 장애 진단을 받고 공황장애가 반복되면서 오랫동안 예기불안 탓에 바깥나들이조차 하지 못했다. 집에 있어도 언제 다시 발작할지 몰라 늘 불안에 떨었다.

그러나 최근 1년 사이에 안정을 되찾아 등산을 가거나 크루즈 여행을 떠나는 등 외출을 즐기고 있다. 예전에는 불안에 떠느라 표정도 어두웠지만 최근 N씨의 얼굴에는 생기가 넘친다.

정기적인 상담으로 불안을 조금씩 줄이는 방법을 배워 스스로 불안한 마음을 다스릴 수 있게 되면서 불안 장애 치료에도 도움이 된 듯하다. N씨에게 그밖에 다른 방법이 있었는지를 묻자 매일 아침에 눈을 뜨면 명상을 했다고 했다. 명상을 계속 하다 보니 나쁜 생각에 사로잡힐 것 같아도 자연스럽게 흘려보낼 수 있게 되었다고 한다.

경미한 자폐 스펙트럼 경향이 있는 대학생

경미한 자폐 스펙트럼 경향이 있는 대학생 R씨는 조금만 움직여도 눈앞이 아찔하면서 현기증이 나거나 호흡 곤란 증상이 보여 열심히 공부해 들어간 대학교를 다니기 어려워졌다. 고등학생 때까지는 코로나 19COVID-19로 온라인 수업이 진행돼 큰 문제가 없었지만, 대면 수업으로 전환되면서 적응하기 어려워진 것이다.

이대로는 출석 일수가 부족하니 유급을 하거나 사이버 대학교를 다니는 수밖에 없어 보였다. R씨에게 대처 방법(이 방법은 다음 장에서 소개한다)을 알려주며 연습을 유도했는데, 마침 방학 기간이라 새 학기가 시작되기 전까지 자율신경을 단련할 수 있는 운동도 함께 지도했다.

R씨와 비슷한 경향을 가진 사람들은 외출이 어렵다 보니 체력도 계속 떨어진다는 공통점이 있다. 몸을 움직이지 않으면 근력이 떨어질 뿐 아니라 자율신경 조절 기능도 저하된다. 이로 인해 쉽게 피로해지고 어지럼증, 호흡 곤란, 심박수 증가, 설사 등의 증상이 동반될 수도 있다. 또한 긴장한 탓에 두통이 생기기도 한다.

자율 신경을 단련하고 조절하는 방법 가운데 자율신경 훈련법이나 이완 요법과 같이 근육을 이완시키고 호흡을 가다듬는 방법이 가장 널리 알려져 있다. 물론 이런 방법들이 그 나름대로 효과는 있겠지만, 나는 강도를 조절하여 운동 부하의 강도를 바꾸는 훈련법을 제안하고 있다. 같은 양의 부하가 일정하게 유지되는 걷기나 조깅과는 다르게 걷기와 뛰기를 반복하여 운동 부하를 조절하는 것이다.

나는 중학교 시절 육상부 소속이었다. 당시 내가 다닌 학교는 시골 중학교치고는 육상으로 이름이 난 학교였던 탓에 전국대회에 출전하는 선수들과 함께 운동할 기회가 많았다. 그런데 이 선수들은 연습할 때 계속 달리기만 하지 않았다. 천천히 걷거나 몸을 이리저리 움직이기도 하면서 가볍게 뛰는 시간이 훨씬 길었다. 그러다 문득 생각났다는 듯이 전력으로 질주하곤 했다. 그 방식을 보며 계속해서 빠른 속도로 달린다고 실력이 느는 건 아니라는 사실을 깨닫고 깊은 감명을 받았다. 이 방법으로 훈련한 선수들은 평상시 심박수가 낮을 뿐 아니라 운동 후에도 심박수가 금세 정상으로 회복되었다.

나중에 알게 된 사실이지만, 이 훈련법은 '인간 기관차' 에밀 자토페크Emil Zátopek라는 유명한 장거리 육상 선수가 개발한 인터벌 트레이닝이었다. 그중에서도 특히 효과가 뛰어난 고강도 인터벌 트레이닝은 강도 높은 근력 운동이나 전력 질주 등 격렬한 운동을 반복하는 훈련법으로, 일반적인 훈련법보다 심폐 기능 단련과 지방 연소에 효과가 뛰어나다고 한다. 또한, 최근에는 자율신경계의 활성도를 평가하는 지표인 심박 변이도HRV, Heart Rate Variability뿐만 아니라 불안과 우울에도 효과 있다고 밝혀졌다.

하지만 대다수는 실제 운동 선수가 아니기에 무리하지 않는 것이 중요하다. 달리는 시간은 짧게, 숨을 고르며 가볍게 걷는 시간은 길게 잡는다. 실내 운동도 마찬가지로 근력 운동과 줄넘기 등으로 부하를 주는 시간과 천천히 몸을 이완시키거나 가볍게 스트레칭을 하며 숨을 고르는 시간을 번갈아 가며 한다.

부하를 주어 교감 신경을 자극하고 의도적으로 심박수와 호흡수를 높인 뒤 운동 강도를 낮추면 부교감 신경이 활성화되기 쉽다. 정지 상태에서는 아무리 몸에 힘을 빼려고 해도 부교감 신경의 활동을 끌어올리기 꽤 어렵지만, 운동을 통해 교감 신경을 활성화시키면 휴식을 취할 때도 부교감 신경을 쉽게 작용할 수 있게 된다.

R씨는 이 방법으로 훈련했더니 현기증이나 가슴 두근거림, 호흡 곤란을 느끼는 일이 확연히 줄어들어 2학기부터는 거의 쉬지 않고 학교를 나갈 수 있게 되었다.

일상의 가치를 소중히 하기

매일 불쾌함에 시달리고 정신적으로 압박을 받는 그레이존 사람을 비롯한 이들은 상태가 호전되고 활력을 되찾기 시작하면 공통적으로 주변 일에 관심을 보이며, 평범한 일상 속에서도 소소한 기쁨을 느낀다.

일이 뜻대로 풀리지 않을 때는 보통 자신이 원하는 이상과 현실 사이에 큰 간극을 절실히 체감하고, 그 괴리를 좁히지 못하면 어떤 일이든 헛수고라는 생각에 빠져 만사에 무기력하거나 무관심해진다.

또한 집안일 같은 일들을 가족에게 미루는 경우도 빈번하다. 몸 상태가 좋지 않거나 도저히 몸을 움직일 기운이 없다면 어쩔 수 없는 선택이 될 수 있다. 어떻게 보면 주변 사람들의 도움 덕분에 일시적으로 건강을 회복하거나 기력을 보충할 수 있지만, 재충전 시간이 필요 이상으로 길어지면 오히려 회복이 더뎌질 위험이 있다.

회복은 평소 흥미를 느꼈거나 하고 싶었던 일을 하는 것부터 시작해야 한다. 그러다 보면 점점 이전에는 크게 관심 없었던 일상적인 일로 확장된다. 아직 충분한 준비가 되지 않았더라도 주변의 작은 일에 하나둘 손대기 시작하면 회복이 더욱 빨라진다. 방을 정리하거나 가족을 위해 집안일을 하거나 잔디를 깎는 등의 일은 속도는 느릴지언정 매우 유효하다.

힘든 일이 발생했을 때도 일상적인 일을 하면 위안과 도움을 받기도 하고, 집안일이나 업무를 계속 하여 마음을 달랠 수 있으며, 모든 것이 바뀌거나 사라지지 않았다는 생각에 안정을 되찾는 발판을 마련해 준다. 반복되는 일상과 규칙적인 습관은 언제나 생활의 기반이면서 동시에 심리적 안정감을 지켜주는 토대가 된다.

80년에 걸친 장기 연구 결과, 근면은 장수와 가장 관련이 깊은 성격 요인으로 밝혀졌다. 대표적인 성격 이론 중 하나인 성격의 5요인 모델에서는 성격을 외향성, 우호성, 성실성, 신경증, 개방성의 다섯 가지 기본 특질로 설명한다. 성실성은 근면의 척도로, 책임감이 강하며 목표를 성취하기 위해 충동을 절제할 줄 알고 규칙과 규범을 지키는 고지식한 성향이다. 성실성이 높은 사람은 눈앞의 즐거움보다 해야 할 일을 우선하고 어떤 상황에서도 자제력을 보이며 정해진 습관과 전통을 소중히 여기고 규칙적인 생활을 선호한다.

자폐 스펙트럼 특징을 보이는 그레이존 사람들은 같은 행동 패턴과 일정한 순서를 선호하는 경향이 있는데 이는 성실성과 관련이 있다. 따라서 지나친 의욕이나 열의를 드러내지 않도록 주의하고, 편식이나 특정 행동을 반복하지 않도록 신경쓴다면 건강하게 오래 살 수 있다.

일상 속 괴로움을 줄이는 규칙적인 생활의 힘

일상에서 어려움을 느끼는 사람은 대부분 자신의 생활을 제대로 통제하지 못한다고 생각한다. 정리 정돈이 서툴러 옷이나 먹다 남은 음식이 쓰레기와 함께 널브러져 있는 방에서 생활하거나, 돈 관리가 미숙해 빚이나 금전 문제로 골머리를 앓기도 한다. 시간 관리나 친구와의 약속, 지급 기한과 면허 갱신 같은 일도 항상 제대로 기억하지 못하다 보니 매일 외줄 타기를 하는 심정으로 생활하고 있다.

이러한 사람들의 대표 주자는 '성인 ADHD'로, 이들은 유사 ADHD가 대부분이다. ADHD 진단을 받지 않았더라도 자신의 생활을 제대로 통제하지 못해 어려움을 겪는 사람들이 많다. 스스로 생활을 관리하지 못한다는 사실에 큰 스트레스를 느껴 정신 건강을 해치는 일도 적지 않다.

이 상황을 개선하려면 우선 생활 통제력을 높여야 한다. 내 삶을 스스로 관리하고 통제하고 있다는 감각을 가지기만 해도 생각이 긍정적으로 바뀌고 자신감을 되찾을 수 있다.

효율적으로 통제하기 위해서는 뇌의 특성을 파악해 잘 조종하는 방법을 연구할 필요가 있다.

모든 일이 귀찮다

　무슨 일이든 귀찮게 느껴져 어려움을 겪는 사람들 또한 많다. 그레이존에 속한 사람들 중에도 이러한 고민을 가진 경우가 많다. 이렇게 말하는 나 또한 상당한 '귀차니스트'라서 특히 젊었을 적에는 문제를 일으키거나 실패한 적도 많았다. 무엇이든 다음 날로 미루다가 해야 할 일을 깜빡 잊어버리고, 마감이 코앞에 닥쳐서야 주변의 재촉에 그제야 허둥대며 일을 시작했던 경우가 태반이었다.

　만사가 귀찮은 '귀차니즘'에도 여러 가지 특징이 있는데, 신경학적으로 저등록이 높은 경향과 관련이 있다. 제1장에서도 다뤘지만, 저등록은 신경의 반응 역치가 높기 때문에 반응하기 어려운 상태를 말한다. 저등록이 높은 사람은 눈앞에 있는 것을 알아채기 어렵거나, 해야 한다는 사실은 알고 있어도 좀처럼 시작하지 못한다.

　아침에 잘 일어나지 못하는 사람, 한 가지 일을 시작하면 다음 일로 넘어가지 못한 채 계속 붙잡고 있는 사람도 저등록과 관련이 있다. 이들은 멍하니 있다가 이름이 불려도 알아차리지 못하기도 한다. 주변 사람들로부터 너무 태평하거나 야무지지 못하다는 지적을 듣기도 하고, 때로는 게으름을 피우는 것처럼 보여 오해를 받기도 한다. 하지만 실제로는 그런 의도가 있었던 것은 절대로 아니다. 스스로도 열심히 노력하려 했지만 뜻대로 잘 되지 않았을 뿐이다.

그러나 이런 부분들을 단순한 특성으로 치부하고 넘겨서는 안 된다. 쉽사리 과제를 시작하지 못한 탓에 기한 안에 끝마치지 못하고 궁지에 몰리거나, 중요한 약속을 잊어버려 신용을 잃어버리는 등 상황이 커질 수도 있다.

지금까지 살펴본 저등록 성향을 가진 '귀차니스트'를 행동에 바로 나서게 하는 방법은 무엇이 있는지 알아보자.

게으른 사람의 뇌에는 명확한 지시가 필요하다

사람의 뇌는 귀차니스트가 아니어도 스펙이나 성능 면에 따라 눈앞에 놓인 일만 생각하려는 특성이 있다. 작업 기억의 용량으로 봐도, 사람이 한 번에 처리할 수 있는 양에는 한계가 있기 때문에 조금만 복잡한 처리를 하려고 하면 바로 뇌에 용량 이상의 부하가 걸려버리고 만다.

갑자기 사람들에게 암산으로 두 자릿수 곱셈인 '27×43'의 값을 구해보라고 한다면, 그 자리에서 바로 대답하지 못하는 사람이 더 많을 테고 누군가는 짜증을 낼지도 모른다.

자발적으로 암산을 연습하는 사람은 거의 없다. 상당한 노력

즐겁고 편안한 루틴 만들기

과 인내가 필요한 데다가 귀찮기 때문이다. 다시 말해, 사람은 특별한 노력과 인내가 필요한 일은 귀찮다고 느끼며 하기 싫어한다. 잠깐은 열심히 할지 몰라도, 자연스럽게 손에서 놓아 버린다.

무의식중에 귀찮은 일은 피하려고 하는 뇌에 제대로 일을 시키려면 어떻게 해야 할까?

일하기 싫어하는 사람과 게으른 사람의 뇌는 상당히 비슷하다. 지적받기 전까지는 움직이지 않고, 또한 할 수 없는 이유가 조금이라도 있으면 핑계 삼아 적당히 덮으려고 한다.

그러한 이유도 숙제를 하기 싫어하는 아이가 억지로 만들어낸 변명과 다를 바 없다. 해야 할 과제가 있더라도 정확히 언제까지 해야 한다는 지시가 없으면 이를 핑계 삼아 자꾸만 미루려 한다. 정확히 언제부터 시작하라는 시점을 정해주지 않았으니 어떻게 할 수 있겠냐는 식이다.

게으른 사람의 뇌를 움직이게 하려면 도망치지 못하도록 명확하게 지시를 내리는 일이 중요하다. 몇 월 며칠 무슨 요일에 몇 시부터 어떤 일을 시작할지 정해둔다. 미리 시작일과 시간을 확실하게 지정해 두기만 해도 뇌가 이를 대비하게 된다.

그레이존 사람들은 예정에 없던 일에 특히 버거워하는 경우가 많다. 그날 아침이 돼서야 계획을 세우기 시작하면 이미 늦다. 특히 조금이라도 부담으로 느껴지는 과제라면 사전에 시작할 날짜를 명확히 정해두고 차근차근 계획을 짜는 습관을 들여야 한다.

그것만으로 문제가 해결될지 의심할 수도 있지만, 실제로 해 보면 알 수 있다. 시작일을 정하기만 해도 과제를 시작하기 훨씬 수월해진다.

마감일은 메모해 두고 신경을 쓰지만 시작일은 정하지 않는 상황도 흔하다. 게으른 사람의 뇌는 마감일만 기억하면 그날까지는 내버려 둬도 괜찮다고 생각한다.

하지만, 막상 마감일에 과제를 시작하려고 하면 분량이 방대하거나 혹은 생각보다 내용이 어려워 그날 안으로는 도저히 끝낼 수 없다는 사실을 깨닫게 된다. 그리고는 어차피 완성할 수 없으니 이번에는 포기하는 게 좋겠다는 핑계를 앞세워 결국 아무것도 하지 않는다.

수고스럽더라도 시작일을 정하기만 하면 과제의 내용과 분량을 보고 소요 시간을 계산하게 된다. 이것만으로도 중요한 준비를 끝마친 셈이다. 시작일에 일을 시작하면 어떻게든 끝나게 된다는 예상을 할 수 있으므로 스트레스를 줄여 정신 건강에도 긍정적 효과를 준다.

유혹에 취약한 뇌
- 방심하지도, 빈틈을 주지도 않는다

충동을 통제하지 못하는 유형에게는 무심코 충동구매를 하거나 예기치 않은 지출로 돈을 낭비하는 일이 빈번할 것이다. 식사 중에도 한 번 먹기 시작하면 숟가락을 내려놓지 못하거나 혹은 무언가에 집중하면 주변 다른 요소는 눈에 들어오지 않는 일이 빈번하다. 그 결과로 매번 후회하면서도 또다시 같은 상황을 반복하고 만다.

사례 3

쇼핑 중독에 빠진 여성

S씨는 쇼핑 때문에 큰 고민에 시달리고 있다. 처음에는 단순히 구경만 하려 했으나, 물건들을 보고 있으니 구매 욕구가 점점 강해져 '지금이 아니면 영영 살 수 없겠다'는 생각에 결국 구매해 버린다. 이로 인해 예상치 못한 지출이 발생해 월급날까지 생활이 빠듯해지자, S씨는 이 상황에 큰 불만을 느낀다.

S씨가 ADHD에 가까운 특성을 가지고 있고 더불어 폭력에

노출되는 일이 빈번한 가정 환경에서 자란 영향도 컸다. 이 때 문인지 사람들의 안색만 살피게 되어 정신적으로 피로함을 자주 느끼게 되었다. 이후 두 번의 결혼 생활 모두 원만하지 못했고 혼자 아이를 키우면서 생활은 더더욱 궁핍해졌다. 취업을 해도 처음에는 의욕이 넘치지만 금세 흥미를 잃고 그만두는 일이 반복되었다.

심지어 카드 사용이 제한될 만큼 신용카드를 쓰느라 개인 파산을 경험했음에도, 쇼핑의 유혹은 계속되었다. 들은 바로는 공과금 등을 납부하기 위해 지갑에 넣어둔 현금조차 무의식중에 모두 써버리는 듯했다. 이런 S씨에게는 지갑에 현금 2만 원만 넣고 다니는 방법이 가장 효과적이었다.

쇼핑이든 도박이든 무언가에 중독된 뇌는 조금이라도 빈틈이 생기면 곧바로 행동으로 이어진다. 그러므로 최선의 예방책은 처음부터 유혹이 비집고 들어올 빈틈을 차단하는 일이다. 스마트폰이나 게임에 중독된 경우에도 개선 의지가 있다면 자신의 방(공부방이나 침실) 외의 장소에서 스마트폰을 관리하는 방법이 큰 효과를 보인다.

첫 선택에 승패가 결정된다

충동적이거나 변덕스러운 성격, 혹은 한 번 시작한 일을 중간에 바꾸기 어려운 사람은 때마침 눈에 들어 온 아무 상관 없는 일에 손을 대어 하루를 낭비해 버린다. 특히 저등록이 높은 이들은 몸풀기로 시작한 일에서 쉽게 벗어나지 못한다.

따라서 몸풀기 루틴을 세울 때는 지나치게 몰입되는 활동은 제외하고 그날 무엇부터 시작할지 미리 정해두고 행동해야 한다.

도중에 다른 일을 해야 한다면 타이머나 스톱워치로 종료 시간을 설정해두면 하루를 보다 효율적으로 관리할 수 있다. 타이머 없이도 식사, 휴식, 산책 등 일정한 시간대를 기준으로 행동을 구분하면 전환이 훨씬 수월해진다.

그레이존 사람들은 대부분 한 번 시작한 행동을 지속하려는 성향을 강해 전환이 어려우나, 식사나 운동처럼 자율 신경을 전환할 수 있는 활동을 포함하면 전환이 쉬워진다.

식사 후에는 부교감 신경이 활발해지는 시간대이므로, 이때는 무리하게 업무를 진행하기보다는 긴장을 풀고 휴식을 취하는 것이 바람직하다. 이로써 쉴 때는 충분히 쉬고, 집중할 때는 온전히 몰입할 수 있는 주기가 만들어진다.

시간 관리를 잘하지 못하는 사람들은 자신의 생체 리듬을 고려하지 않아 집중력이 가장 떨어지는 시간에 사고력을 요하는 과제를 시작해 어려움을 겪는다. 하루 종일 머리를 쓰는 사람은 없다. 자신에게 맞는 리듬을 파악하고 이를 적극 활용하며 흐름을 타는 일이 중요하다.

아침은 든든하게, 점심은 가볍게 먹기

오후에는 아무래도 생리적 특성으로 졸음이 오기 마련이다. 그래서 오전부터 일을 하면 그 피로가 누적되어 작업 능률이 떨어지기 쉽다.

여유가 주어진다면 오후에는 천천히 일하면 좋겠지만 중요한 회의나 대입 시험도 주로 오후까지 이어져 자유롭게 시간을 활용하기 어렵다.

오후 시간에 업무 능률을 떨어뜨리지 않으려면 아침은 든든하게, 점심은 가볍게 먹어야 한다. 특히 점심 시간에는 탄수화물은 삼각김밥 한 개 정도로 섭취하고 나머지는 신선한 채소와 다양한 반찬으로 보충하면 졸음을 예방할 수 있다.

종종 졸음을 쫓기 위해 커피를 마시기도 하는데, 카페인 섭취 후 충분한 시간이 흘러야 뇌의 신경 세포가 자극되어 실제로는 열 시간 이상 지나야 효과를 보인다고 한다. 카페인은 신경 세포 안쪽에 있는 소포체의 칼슘 방출을 촉진하여 신경 세포를 자

즐겁고 편안한 루틴 만들기

극하는데, 이 반응이 발현되기까지 상당한 시간이 필요하고 일단 효과가 나타나면 장시간 지속된다.

따라서 커피는 졸음을 쫓기에는 그리 효과적이지 않고 오히려 깊은 수면을 방해할 수 있다.

예전에 대학교 1차 시험(한국의 대학수학능력시험과 비슷하다 —역자 주) 전날 응원의 뜻으로 나를 찾아온 친구와 카페에서 커피를 마신 적이 있었다. 그때 오후 세 시쯤이었는데 그날 밤은 잠이 안 와 한숨도 못 자고 시험을 치르러 갔었다. 하지만 커피 마시고 밤을 새웠다고 해서 불안해할 필요는 없다. 내 경험상 이상하게도 평소보다 머리가 맑아져 문제를 더 잘 풀 수 있었다. 잠이 오지 않아도 눈을 감고 누워 있으면 하루 정도는 크게 영향을 받지 않는다.

그리고 시험처럼 중요한 날에는 점심을 과하게 먹지 않도록 주의해야 한다. 시험이 오전에 끝난다면 문제가 없지만, 오후에 끝난다면 식사 후 포만감이 집중력과 사고력에 부정적 영향을 줄 수 있다.

교토대학 의예과 2차 시험을 치렀을 때 경험담을 덧붙이자면, 시험 마지막 날 오후에 수학 과목이 예정되어 있었다. 이미 시험을 치른 영어와 과학은 나름 만족스러운 편이어서 마지막 수학 시험은 여섯 문제 중 네 문제만 맞으면 합격할 수 있다고 생각했다. 그날 나는 체력을 보충하려는 마음에 학교 근처 식당에

내가 그렇게 이상하다고?

서 소고기 카레를 주문했다. 맛은 일품이었고 먹고 죽은 귀신이 때깔도 고운 법이니 한 톨도 남기지 않고 밥을 다 먹어 치웠다. 시험 시간이 다 되어 서둘러 식당을 나와 강의실로 향했더니 어쩐지 오전과는 달리 몸과 머리의 균형이 완전히 달라진 듯한 나른함이 몰려왔다.

시험이 시작되고 시험지와 답안지를 받아 문제를 풀기 시작했는데 가장 쉽게 풀릴 거라 예상했던 1번 문제부터 막히기 시작했다. 한 시간이 지나도록 한 문제도 풀지 못해 초조함에 머릿속이 새하얘지고 식은땀이 흐르기 시작했다. 모든 노력이 물거품이 되었다는 생각에 눈앞이 캄캄했지만 시험 시간은 2시간 30분 정도로 넉넉하다고 생각하며 필사적으로 침착함을 되찾고자 노력했다. 남은 시간 동안 한 문제라도 풀어보겠다는 다짐으로 심호흡을 한 뒤 눈앞에 있는 문제에 집중하려 애썼다.

마음을 다잡고 1번 문제를 다시 살펴보니 놓쳤던 계산 실수가 눈에 띄었다. 내 위와 십이지장에 머물던 소고기 카레가 드디어 소화된 모양이다. 그때부터 막힘없이 문제를 풀 수 있었지만 겨우 한 문제를 풀었을 뿐, 시간은 이미 절반 가까이 지난 상태였다. 하지만 한 문제를 풀어내며 기분이 약간 진정되었기 때문인지 아니면 소화 과정에서 발생한 에너지가 뇌로 전달되었기 때문인지 그제서야 머리가 돌아가기 시작했다. 다섯 번째 문제를 풀던 중 시험 시간이 종료되었고 그날 이후로는 시험 전에 배부르게 먹지 않으려 주의하고 있다.

반대로, 공복 저혈당 상태 역시 활동에 악영향을 미치므로 아침이나 저녁에 중요한 일정이 있을 때는 수분과 함께 초콜릿 한두 개 정도의 당분을 섭취하면 효과적이다.

일상에서 집행 기능 훈련하기

효율적인 업무 처리, 체계적인 학습, 원활한 일상 및 안정적인 삶을 위해서는 '집행 기능'이 핵심이다. 이 기능의 중심은 뇌의 조종석이라 불리는 전두엽 전영역으로, 목표 달성을 위해 적절한 처리 순서를 계획하고 각 과제를 체계적으로 수행하도록 지시한다. 마치 비행기 조종사나 오케스트라 지휘자가 전체를 조율하는 역할과 같다.

비행 중에 조종사가 졸음에 빠지거나 지휘자가 악보를 무시하며 지휘한다면 모두가 혼란에 빠져 사고나 실수를 일으킬 위험이 있다. 이와 마찬가지로 전두엽의 전영역이 정상적으로 기능하지 않거나 기능이 저하되면, 효율은 감소하고 실수가 늘어날 뿐 아니라 무계획적이고 임기응변적인 행동으로 치닫기 쉽다.

ADHD는 집행 기능의 미비로 발생하는 장애이다. 이 장애를 가진 사람은 각 과제에서 부주의한 실수를 자주 범하며, 체계적인 계획 없이 충동적으로 행동하는 경향이 있다. 이러한 특성은 조증 상태와 유사하지만, 우울증 상태에서도 집행 기능이 저하되어 간단한 일이나 일상적인 집안일을 처리하는 데 많은 시간이 소요되거나 전혀 실행할 수 없는 경우가 많다.

최근에는 학대받거나 불안정한 애착 환경에서 자란 사람이 성인이 되었을 때 집행 기능이 저하된다는 사실이 주목받고 있다.

장애 진단을 받지 못하는 그레이존 사람들 또한 집행 기능이 저하되거나 사소한 문제가 자주 발생할 수 있다.

낮은 집행 기능을 향상시키는 것은 학업, 직장, 일상생활 모두에 중요한 요소이며, 심지어 인생의 성패에도 영향을 미친다. 평균적인 집행 기능을 지닌 경우에도 이를 더욱 끌어올려 양호한 상태로 유지하는 일 역시 중요하다고 할 수 있다.

어린 시절 뛰어난 집행 기능을 보였더라도 이후 생활 환경과 정신 상태에 따라 그 능력이 떨어질 수도 있다. 따라서 일상생활이 중요하며 만성 피로, 수면 부족, 우울함, 과음, 약물 의존과 같은 행동이 집행 기능을 해칠 수 있다.

작업 기억의 '갱신'

집행 기능에는 다양한 요소가 포함되어 있다고 여겨져 왔다. 계획, 주의, 순차 처리, 동시 처리와 같은 카테고리가 사용되기도 했는데, 최근 연구에서는 그 바탕이 되는 중요 능력으로서 ① 전환 ② 억제 조절 ③ 작업 기억 갱신, 이 세 가지가 주목을 받고 있다.

① 전환 Switching

전환이란 한 가지 과제에서 다른 과제로 처리 대상을 바꾸는 것을 의미하며, 정신 상태의 변화도 포함된다. 어떠한 일이 머릿속에서 떠나지 않고 계속 맴돈다면 이 전환 기능이 제대로 작동하지 않는다는 신호이다.

② 억제 조절 Inhibitory control

억제 조절이란 우선해야 할 일에 집중하기 위해 다른 일에는 제동을 거는 것을 의미한다. 억제 조절이 제대로 작동하지 않으면 쓸데없는 일에 시간을 낭비하거나 중요한 업무를 효율적으로 처리할 수 없다. 우선순위의 중요성을 알고 있지만 막상 아침에 일어나면 눈에 들어온 다른 일부터 시작해 버린곤 한다. 그러다 보면 어느새 하루가 흘러가 버리기도 한다. 방향을 잃고 사소한 일에 시간을 허비하는 일이 잦다면, 억제 조절이 제대로 작동하지 않을 가능성이 크다.

③ 작업 기억 갱신

작업 기억의 갱신이란 작업 기억에 저장된 정보를 최신 상태로 업데이트하는 기능이다. 이는 작업 기능의 특수한 기능과 관련이 있다.

작업 기억은 일종의 메모로, 같은 내용으로 유지하는 단기 기억이나 장기 기억과는 달리 그 내용이 끊임없이 변한다. 즉, 당장 필요한 정보를 머릿속에 담아 두었다가 그 역할이 끝나면 다음 과제를 위해 빠르게 삭제하는 특징이 있다.

이는 작업 기억의 용량이 매우 작기 때문에 발생하는 현상이다. 일반적으로 사람은 한 번에 다섯 개 정도만 머릿속에 기억할 수 있고 아무리 똑똑한 사람이라도 그 수가 열 개를 넘지 않는다. 더 많은 것을 기억하려면 단기 기억이나 장기 기억 혹은 시각적인 기억을 동원해야 하지만 작업 기억처럼 빨리 처리하지 못한다.

작은 작업의 용량이 제한적이므로 필요 없는 정보가 그대로 남아 있으면 중요한 작업을 원활하게 처리할 수 없다. 이로 인해 처리 속도가 매우 느려지거나 간단한 작업에서도 실수할 가능성이 높아진다. 또한 숫자를 기억하는 것처럼 단순한 과제로는 작업 기억의 갱신 능력을 정확하게 측정하기 어렵다.

따라서, '1+2=3'을 시작으로 '2+3=5', '3+5=8', '5+8=13', '8+13=21'과 같은 방식으로 답이 100을 넘을 때까지 최대한 빠르게 암산하는 것은 작업 기억을 갱신하는 데 효과적이다. 하지만 매번 '1+2'부터 시작하면 답을 외우게 되어 훈련 효과가 떨어지므로, '1+3'처럼 처음에 더하는 숫자를 하나씩 바꿔 가며 연습하는 것이 좋다. 이렇게 하면 답이 달라지기 때문에 작업 기억을 계속 사용해야 한다.

또 영어 듣기 훈련에서 종종 사용되는 섀도잉(음성을 듣고 즉각적으로 따라 말하는 훈련법)을 원활하게 하기 위해서는 작업 기억이 끊임없이 갱신되어야 한다. 섀도잉은 작업 기억 갱신에 가장 적합한 훈련이라고 볼 수 있다. 영어가 어렵다면 다른 언어여도 괜찮다. 누군가에게 책을 읽어달라고 한 뒤 곧바로 섀도잉한다(소리를 따라 한다). 섀도잉 후에는 내용의 요지를 설명하게 하면 훈련의 효과를 높일 수 있다.

두 가지 훈련 모두 처음에는 시간이 걸리고, 말이 곧바로 나오지 않아 힘들 수 있다. 하지만 이런 과정이야말로 뇌의 회로를 활성화하는 데 꼭 필요한 단계이다. 반복하면 점점 더 매끄럽게 말할 수 있게 된다.

처음에는 천천히 해도 괜찮다. 속도가 느리더라도 정확하게 연습하는 것이 더 중요하다. 또박또박 섀도잉하는 과정은 뇌에 새로운 회로를 형성하는 기초 작업이라 할 수 있다. 새로운 경로가 만들어졌다면, 그때부터는 차츰 속도를 높이면 된다.

이러한 작업 기억의 갱신 훈련은 단순히 작업 기억을 단련하는 것뿐만 아니라 집행 능력을 높이는 데도 매우 효과적이다.

집행 능력, 작업 기억, 주의력을 향상시키려면 꾸준한 노력이 요구되지만 필요에 따라 전문적인 훈련이나 약물 치료 등을 고려할 수도 있다. 뉴로피드백 훈련[1], 인지 행동 치료[2], 인지 훈련[3] 등이 효과적인 훈련 방법이며, 약물 치료로는 비교적 안전한 비중추 신경 자극제에 의한 치료[4]를 추천할 수 있다. 다만, 과도한 기대는 금물이다.

즐겁고 편안한 루틴 만들기

제3장

센스 있는
사람 되기

인생을 좌우하는 열쇠

앞서 이야기했던 두 사람을 기억하는가? 이들은 지능 지수, 특정 수치의 편차, 그리고 다른 특성까지 여러 면에서 겹치는 부분이 많았다. 하지만 한 사람은 의사로 일하는 반면에 다른 한 사람은 10년 넘게 취업하지 못한 채 집에만 틀어박혀 있다.

이러한 차이는 검사 결과만으로는 설명하기 어렵다. 실제로 만났을 때, 두 사람의 인상은 확연히 달랐다. 한마디로 표현하자면, 한 사람은 호감형이었고 다른 한 사람은 그렇지 않았다.

두 사람 모두 자폐 스펙트럼의 특징을 갖고 있으며, 지능은 높지만 한 가지에 집착이 강하고 예민한 편이다. 또한 긴장과 불안이 크고 행동이 느리며 요령이 부족하다. 호감형이었다던 의사는 상대적으로 붙임성 있게 행동하였지만, 다른 한 사람은 먼저 웃어 보이거나 붙임성 있게 행동하지 않아 상대방의 호감을 사지 못하는 것이다.

이러한 경우는 사회적 의사소통 장애가 심각한 수준이다. 발달 검사 결과를 아무리 살펴봐도 질적인 차이가 드러나지 않을 때도 있어 검사만으로는 정확한 판정이나 진단을 내리기 어렵다.

붙임성 있게 행동할 수 있는지는 선천적인 성향도 있겠지만, 환경적인 요인도 무시할 수 없다. 예를 들어 구소련(소비에트 사회주의 공화국 연방)과 같은 사회주의 국가의 백화점이나 음식점 점원들은 무뚝뚝하기로 유명했다. 친절할 필요도 없고, 그에 상응하는 보수도 없었기 때문이다. 즉, 붙임성 있는 행동은 타고난 기질 때문이기도 하지만, 사회적 평가나 습관에 의해 길러지는 경우도 많다.

누구나 마음만 먹으면 어느 정도는 붙임성 있게 행동할 수 있다. 그러나 평소 그런 행동을 중요하게 여기지 않고 필요성을 느끼지 않는다면 그 능력은 발휘되지 않는다. 어쩌다 상대방의 호감을 사려 해도 그다지 매력적으로 보이지 않을 수 있다. 상대의 마음을 열고 호감을 얻는 태도는 나름의 노력과 훈련이 필요하다.

호감으로 상대의 마음 사로잡기

　어떤 사람에게 좋은 인상을 받거나 그가 좋은 사람이라고 느끼는 이유는 무엇일까? 여기에는 크게 두 가지 요소와 관련있다. 하나는 미소나 표정과 같은 비언어적 표현을 잘 활용하는 능력이다. 이 부분은 많은 사람들이 잘 알고 있는 사실이다.

　이와 더불어 또 하나 중요한 요소가 있다. 바로 응답성이다. 상대방의 말과 행동에 곧바로 반응하는 능력이다. 상대가 웃으면 같이 웃고, 괴로워하면 공감하는 표정을 짓는다. 상대가 인사를 건네면 기분 좋게 인사하고, 메일을 보내면 빠르게 답장한다.

　응답성이라고 하면 이러한 행동들이 떠오른다. 사실, 이 행동들은 매우 중요하다. 그레이존에 속한 사람들은 대체로 반응하지 않는다. 상대의 인사를 알아차리지 못하거나, 눈치챘더라도 입안에서 웅얼거리기만 하니 상대는 자신이 무시당했다고 오해할 수도 한다. 이런 사소한 일로 인해 오히려 자신이 무시당하거나 집단 괴롭힘을 당하는 계기가 되기도 한다. 스스로 상대에게 어떤 인상을 주고 있는지 전혀 자각하지 못하는 사이, 불필요한 오해가 발생해 버린다.

　호감 가는 인상을 주는 사람은 상대방이 말을 걸면 시선을 맞추고 망설임 없이 시원시원하게 대답한다. 또한 제스처도 풍부해 상대에게 존중의 느낌을 확실히 전달한다.

이성이나 아이에게 인기가 없는 사람들은 대체로 표정이 없거나 반응이 부족하다는 공통점이 있다. 이런 태도는 상대에게 정체를 알 수 없는 불쾌한 인상을 줄 수 있다.

무뚝뚝해 보이는 그레이존 사람들

붙임성 있게 행동할 수 있는지, 혹은 가능하더라도 실제로 실천했는지는 중요하지 않다고 생각할 수도 있다. 하지만 이는 인생을 알게 모르게 성공으로 이끌 수도 있고, 반대로 좌절과 고립으로 몰아넣을 수도 있는 중요한 요인이다.

물론 말이나 태도가 무뚝뚝하더라도 사회에서 인정을 받고 성공하는 사람은 있다. 그러나 자세히 보면 실력 이상으로 성공한 사람들에게는 붙임성이 좋다는 공통점을 찾아볼 수 있다.

붙임성이 좋은 사람과의 만남은 편하게 느껴지지만, 그렇지 않은 사람은 어딘가 고통스럽고 불쾌하다. 사소한 차이이기는 하나, 이것이 매일 쌓이다 보면 다른 이들의 평가와 칭찬을 좌지우지할 수도 있다.

그레이존 사람들은 불안형 애착 유형을 제외하면 대개 무뚝뚝하다. 표정과 리액션이 없다는 특징도 있다. 또, 쉽게 긴장하고 사람의 눈을 똑바로 바라보지 못하거나 혹은 과거 집단 괴롭힘이나 학대에 대한 트라우마 때문에 표정을 굳히고 사람을 경계하기 때문에 붙임성을 기대하기 어려운 경우도 있다.

한편, 불안형 애착 유형은 부모의 안색을 살피며 자란 사람이 많다. 부모의 비위를 맞추거나 주변 어른들의 마음에 들기 위해 행동하는 일이 자연스럽게 몸에 배었으므로 서비스 정신이 투철하고 붙임성도 좋은 사람이 많다. 이는 이들의 장점이기도 하다.

그러나, 호감은 조금만 노력하면 어느 정도 익힐 수 있는 기술이다. 이로 인해 보호받거나 평가받을 일이 늘어나고, 능력을 발휘할 기회가 증가해 본인이 가진 실력 이상의 삶을 손에 넣을 수 있다면 노력할 만한 가치가 있다고 볼 수 있다.

사례 4

붙임성 좋았던 알프레트 아들러

오랫동안 아들러를 연구해 온 기시미 이치로岸見一郎는 『미움받을 용기嫌われる勇気』에서 인정 욕구를 부정하며 다른 사람의 기대에 부응할 필요가 없다고 말한다. 하지만, 이 말을 곧이 듣고 실천했다면 상당히 곤욕을 치렀을 것이다.

인정 욕구가 적은 사람이란 표현을 달리하자면 붙임성이 없고 하고 싶은 대로 거침없이 행동하는 사람으로 볼 수 있다. 만일 이러한 생활 방식으로 성공을 거뒀다면, 그 사람은 분명 스티브 잡스처럼 한 분야에 재능이 특출하거나 혹은 신이라 착각할 정도로 전지전능했을 것이다. 만약 평범한 능력과 적당한 자신감밖에 없는 사람이라면 절대 스티브 잡스를 따라해서는 안 된다. 그 역시 한때 자신이 설립한 회사에서 쫓겨난 경험이 있기 때문이다.

시간이 지나 잡스는 주변과의 불화를 극복하고자 붙임성 있게 굴며 호감을 사는 퍼포먼스에 힘쓴 덕분에 엄청난 인기를 얻었다.

알프레트 아들러는 어땠을까? 상당한 분량을 자랑하는 아들러 평전에 따르면, 주변에서는 그를 사교성이 좋은 호감형 인물로 평가했다. 그는 부모의 속을 썩이는 아이라 할지라도 장난감만 있으면 금세 말을 잘 듣게 할 수 있는 서비스 정신의 소유자였다. 아들러의 성공은 그가 가진 인간적인 매력과 애타주의가 있기에 가능했다. 그의 공개 진료와 강의에 참석했던 부모, 교사 등의 비전문가 집단이 그의 이론을 열렬히 지지했고, 오스트리아의 빈에서 시작된 교육 개혁은 세계적으로 주목을 받게 되었다.

프로이트와는 달리 아들러는 학계에서 인정받지 못해 학자로서는 성공하지 못했지만, 그럼에도 뛰어난 임상가이자 실천가였다. 훗날 아들러가 미국에서 염원하던 교수직을 얻을 수 있었던 것도 그를 높이 평가한 자산가가 그를 위해 의학부에 새로운 자리를 만들도록 후원했기 때문이다.

또한 그가 임상가로서 성공하고 미국 언론에 종종 등장해 인기를 얻을 수 있었던 것도 그의 붙임성과 서비스 정신, 즉 인정 욕구 덕분이었다. 남보다 더 강한 그의 인정 욕구는 어린 시절 구루병을 앓으며 생긴 이른바 '열등감 콤플렉스'를 보완하기 위함이었다.

이렇게 매력적이고 온화하며 헌신적인 사람도 마치 다른 사람처럼 무서운 표정을 짓기도 하였는데 바로 자신과 절교한 사람들을 이야기했을 때이다. 아들러는 이들에 한해서는 냉정을 잃고 격분하며 험한 말을 쏟아냈다. 만약 아들러가 인정 욕구 없이 다른 사람의 기대와 평가로부터 자유로웠다면 오랜 세월 옛 동료의 배반을 트라우마로 느낄 일도 없었을 것이다.

때로는 사람의 말보다 행동에 의해 진실이 밝혀지기도 한다. 어떤 상황에서는 미움받을 용기도 필요하지만, 대체로 붙임성 있는 행동이 성공할 기회를 늘리는 데 유리하다고 본다.

나는 아들러의 심리학에 전반적으로 공감하는 편이다. 그가 유년기의 환경과 부모와의 관계가 중요하다고 강조한 것은 선견지명 있는 통찰이라 할 수 있으며, 그가 남긴 공적은 영원히 기억될 것이다.

사람을 끌어당기는 가장 큰 요인

호감을 결정짓는 데에는 외적인 요소도 나름대로 중요하다. 하지만 외모가 특별히 뛰어나지 않아도 매력적인 파트너를 만나는 사람이 있다. 그렇다면 호감은 어디에서 어떻게 시작되어 호의와 애정으로 발전하는 것일까?

나는 직업상 여성들과 대화를 나눌 일이 많다. 파트너 이야기가 나오면 사귀게 된 계기나 처음 어떤 점에 끌렸는지 묻곤 하는데, 많은 여성이 상대방이 자신의 이야기를 잘 들어주었기 때문이라고 대답했다. 아무래도 여성들은 자신의 이야기에 귀 기울여주는 사람에게 끌리는 듯하다.

반대로 남성은 자신의 이야기를 많이 해야 상대방에게 강한 인상을 줄 수 있다고 생각하는 경향이 있다. 그래서 종종 자랑을 하거나 상대가 알기 어려운 전문 지식을 늘어놓기도 한다. 그러나 상대 여성은 지루함을 억지로 참으면서 어울려 주고 있을지도 모른다.

그레이존 사람들은 대화에 서투르거나 일방적으로 말을 쏟아내는 경향이 있다. 그렇다고 해서 비관할 필요는 없다. 자신의 특별한 취향에 대한 이야기보다 상대방의 말을 진심으로 들어주고 공감하여 반응한다면 분명 호감을 얻을 수 있을 것이다.

그레이존 사람들이 대화를 제대로 즐기지 못하는 이유는 그들의 이야기가 재미없기 때문이 아니라, 자신도 모르는 사이에 상대방이 말을 꺼내기 어려운 분위기를 만들고 있을 가능성이 크다.

편한 대화 분위기를 조성하려면 먼저 상대에게 가벼운 미소를 짓고 자연스럽게 적당한 인사말을 건네면 된다. "요새 많이 바쁘신가요?" "여기는 처음이신가요?" "오늘 날씨가 참 좋죠?" 같은 사소한 말이면 충분하다. 가능하면 내가 먼저 말을 건네는 편이 좋다. 상대방의 말을 듣고 대답하는 것보다 훨씬 편하고 실수할 가능성이 적으며, 심지어 좋은 인상을 남길 수 있기 때문이다.

질문은 내가 선택할 수 있기 때문에 즉흥적으로 대처하기 어려운 사람도 첫마디만큼은 미리 준비한 대로 말을 건넬 수 있다. 그리고 상대방이 어떤 대답을 하든 "그렇군요." 또는 "저런."처럼 무난한 반응으로 맞장구를 치면 분위기가 더욱 화기애애해질 것이다.

여기서 중요한 것은 발성법이다. 매력적인 화법의 소유자는 편안한 억양으로 자연스럽게 말한다. 마치 노래하듯, 시나 대사를 읊듯 단어를 자연스럽게 굴리는 것처럼 말한다. 듣기 편안한 말투를 갖추려면 평소부터 꾸준히 신경 써서 연습해야 한다. 힘을 빼고 미소를 지으며 경쾌한 톤에 약간 낮은 목소리로 말하는 것이 좋다. 목소리를 작게 하면 목에 불필요한 힘을 줄일 수 있고 목소리를 의식하면서 세밀한 조절이 가능해진다. 반면, 목소리가 너무 크면 높낮이조절 능력을 기르기 어렵다. 또한 입 앞에서 말하는 느낌을 의식하면 목소리 조절 능력을 향상하는 데에 도움이 된다.

발달에 문제가 있는 사람들은 대체로 발성법을 크게 의식하지 않는다. 이들은 말이란 단순히 전달하면 된다고 생각하기 때문에 말투에 따라 상대방이 받는 인상이나 이해하는 내용이 달라질 수 있다는 부분을 잘 인식하지 못한다.

여성이 제일 싫어하는 것

여성은 불결함을 가장 싫어한다. 출산의 생물학적 역할 때문인지, 여성은 남성보다 청결에 민감한 경향이 있다. 의학적으로도 여성은 불결한 남성을 기피할 수밖에 없다. 자궁경부암을 유발하는 인유두종 바이러스는 남성 성기의 이물질 속에서 증식하므로, 위생 관리가 부족하고 불결한 상대와 관계를 맺으면 감염 위험이 커진다.

손과 손톱을 청결하게 관리하지 않는 사람에게 닿기 꺼려 하는 저항감은 지극히 당연한 감정이다. 게다가 지저분한 옷차림이나 비듬이 있는 모습도 간접적으로 성기를 포함한 위생 상태가 좋지 않은 남자를 연상시키므로, 본능적으로 그런 사람에게 다가가고 싶지 않다는 마음이 생기는 것은 전혀 이상한 일이 아니다.

그레이존에 속하는 남성들은 옷차림이 단정치 않고 위생관념이 **부족한 경우가 많다.** 집행 기능이 낮고 서투름과 둔감함을 동시에 가지고 있기 때문에 셔츠가 바지 밖으로 삐져나와 있거나, 신발을 꺾어 신거나, 머리는 헝클어져 있기 일쑤다. 어릴 때는 콧물이 흘러도 모르거나 양말과 속옷을 뒤집어 입는 일도 잦다. 몸을 깨끗이 씻지 않아 옷깃이 까매지고 체취가 나기도 하며 이를 제대로 닦지 않아 치석이 쌓이기도 한다.

자신은 익숙하니 아무렇지도 않지만, 주변 사람에게는 얼굴을 찌푸리거나 코를 틀어막아야 할 정도의 불쾌감을 줄 수 있다. 비위생적이라거나 냄새가 난다거나 단정치 못하다는 평가는 설령 그 사람이 다른 면에서 뛰어나더라도 그 장점을 가려버릴 수도 있다. 이런 평가를 본인만 모른 채 지내는 경우도 있어 결국 따돌림이나 괴롭힘을 당해 마음의 상처를 입기도 한다.

성인이 되어서도 옷차림이나 청결, 외모를 중요하게 생각하지 않아 이러한 것들에 크게 관심이 없는 사람도 있다.

만약 외모도 괜찮고 머리도 좋은데 연애 경험이 한 번도 없다면 자신도 모르는 사이 단정하지 않은 차림새나 패션에 대한 무관심, 혹은 악취가 이성을 멀어지게 했을 가능성도 무시할 수 없다. 대부분의 사람은 이러한 요소를 중요하게 여기며 그 요소로 상대를 평가한다는 점을 기억할 필요가 있다.

사례 5

남루한 모습의 앤디 워홀

하지만 모든 일에는 예외가 있다. 단정하지 않은 옷차림이나 독특한 스타일이 오히려 그 사람의 매력적인 개성이 되기도 한다. 예를 들어, 젊은 시절의 스티브 잡스는 불쾌한 냄새를 풍기며 맨발로 면접을 보러 간 적이 있다고 한다. 또 팝아트의 거장 앤디 워홀은 패션 잡지 《보그VOGUE》의 세련된 사무실에 '찢어진 치노 팬츠와 더러운 운동화' 차림으로 나타나 '넝마 차림의 앤디'라 불렸지만, 이러한 모습이 그의 매력을 더욱 돋보이게 했다.

워홀은 내성적이고 말솜씨도 없었으며 발음까지 어눌했다. 만약 그가 멀끔한 정장 차림이었다면 오히려 상식적인 의사소통 능력이 부족하다는 점이 더욱 두드러졌을 것이다. 어떻게 보면, 워홀의 독특한 스타일은 자신이 일반인들과는 다른 방식으로 관계를 맺는다는 메시지를 전달하며 상대와의 대화를 최소

내가 그렇게 이상하다고?

화하는 역할을 한 셈이다.

　개성 있는 스타일로 상대방을 깜짝 놀라게 할 수 있는지는 일단 제쳐두더라도, 우선 깔끔하고 단정한 옷차림에 신경 쓰고 기본적인 패션 감각을 갖추는 일도 중요하다. 청결함은 여성이 관계를 맺고 싶은 상대를 고르기 위한 최소한의 기준이 된다. 만약 상대방에게 청결하지 못하다는 인상을 준다면 처음부터 고려 대상에서 제외되어 그대로 기회를 잃게 된다.

사례 6

언제 어디서든 완벽한 차림새였던 레이 크록

　이는 남녀 관계에만 해당하는 것이 아니다. 비즈니스 세계에서도 마찬가지다. 유능한 영업사원이었던 맥도날드 창업주 레이 크록은 이렇게 말했다.

　"처음에는 나 자신을 팔 줄 알아야 한다. 이를 성공했다면 종이컵을 파는 일은 식은 죽 먹기다."

　그는 종이컵 영업을 하던 시절부터 누구나 동경할 만큼 깔끔하고 청결하며 완벽하게 정돈된 모습을 유지했다.

몸가짐은 자기 관리 능력과 사회성을 판단할 수 있는 좋은 지표이고, 옷차림이 단정하지 않다면, 그 사람의 생활이 혼란과 파탄의 위험에 처했다는 사실을 알 수 있다. 또한 패션 센스는 그 사람의 문화와 감성을 반영하는 요소이다. 센스가 부족하면 아무리 실력 있는 사람이라 하더라도 이야기를 나누고 싶다는 생각이 들지 않는다. 그리고 실제로 패션 센스가 떨어지는 사람들은 대화 스타일도 세련되지 못한 경우가 많다.

자신의 이름을 따 전류 단위를 만든 프랑스의 물리학자 앙드레마리 앙페르는 연구에 사용하는 약품 때문에 항상 손이 더러웠다. 귀부인들은 그와 함께 식사할 때마다 눈썹을 찌푸렸고, 앙페르 역시 자신이 사교계에서 환영받지 못한다는 사실을 깨닫고 점점 사교계를 멀리했다. 만약 앙페르가 손이 더럽다는 사실을 신경 썼다면 그의 위대한 발견은 탄생하지 않았을 것이다. 다만, 아무리 뛰어난 지성도 불결함을 감싸 줄 수 없다는 사실을 알아두어야 한다.

강압적인 태도에서 느껴지는 가정 폭력의 낌새

불결함 다음으로 많은 여성이 싫어하는 것은 강압적인 태도다. 단정적인 말투로 말하거나, 남을 깔보는 듯한 모습을 보이거나 자신의 의견을 강요하는 태도는 거부감을 불러일으킨다.

여성은 오랜 역사 속에서 제한된 역할을 강요받아 왔지만, 점차 독립성과 주체성을 확립해 왔다. 따라서 자신의 자율성을 침해하는 듯한 태도와 발언에 반발하는 경향이 있으며, 상대가 그런 기색을 조금이라도 보이면, 신뢰하기 어려워지고 부정적인 인상을 가질 가능성이 있다.

이러한 신중한 태도는 여성이 가정 폭력 등 위험에 쉽게 노출될 수 있다는 현실을 고려하면 당연한 반응이라 볼 수 있다. 강압적인 행동은 관계가 깊어졌을 때 가정 폭력을 당할 위험성이 높다는 뜻으로 볼 수 있기 때문이다. 단정적이거나 명령조의 말투만으로 이미 위협을 감지하고 경계를 하게 된다.

강압적인 태도인지 아닌지는 사소한 문제로 보일 수 있지만, 결정적이라 할 수 있을 정도로 중요한 의미를 가진다. 상대방의 주체성과 감정을 존중했는지 혹은 배려가 부족했는지에 따라 그 사람이 애정을 가장한 지배적인 사람인지 아니면 배려심을 가진 사람인지가 은연중에 드러난다.

강압적이지 않은 태도와 말투에서는 시원시원한 인상이 느껴

센스 있는 사람 되기

진다. 반면 상대방의 의사를 가볍게 여기고 억지를 부리는 태도에서는 끈질긴 지배욕이 느껴진다. 이로 인해 상대방과의 관계가 멀어지게 된다. 이러한 반응은 어찌 보면 당연하다. 말투 하나에도 본성이 드러날 수 있으므로 주의해야 한다.

상대가 싫어하는 표정을 짓는다면 멈춰라

특히 고집이 센 사람이 관계에서 실패하지 않으려면, 상대방이 보내는 거부의 신호를 빠르게 감지하고 제동을 걸 줄 알아야 한다. 이는 사회의 기본 규범이기도 하다. 기본적인 예의범절이라 생각하겠지만, 실제로 파트너 관계든 직장 내 상사와 부하 관계든 괴롭힘이나 갈등 문제는 상대방이 보내는 '거절' 신호를 무시하고 행동했을 때 발생하는 경우가 압도적으로 많다.

사람은 자신이 유리한 위치에 있거나 어리광을 부릴 수 있는 상황에서는 거절의 신호를 무시해도 괜찮다고 착각하기 쉽다. 하지만, 상대의 의사를 무시하고 자신의 욕망과 상황만을 앞세워 행동한다면 이는 결국 상대에게 큰 압박이 될 수 있으며 본질적으로 폭행과 다를 바 없는 강압적인 행동이다.

이러한 기본적인 규범만 지키켜도 인간관계는 훨씬 원만해진다.

어떤 상황이든 상대방이 거절의 신호를 보냈다면 상대의 입장을 고려하지 않고 무리한 요구를 해서 미안하다며 사과하고 즉시 물러나는 것이 바람직하다.

그럼에도 꼭 부탁해야 한다면, 적절한 예의를 갖추어 사정을 설명하고 상대방의 의사를 존중하는 자세로 요청해야 한다.

예를 들어 "여러 이유로 다른 사람에게 거절당해 곤란한 상황입니다. 어렵다는 건 알지만 꼭 부탁하고 싶습니다."라는 식으로 확실하게 설명해 상대의 허락을 구해야 한다. 만약 상대가 거절한다면 깨끗이 물러나는 것이 바람직하다.

자녀에게 억지로 강요하지 않기

자녀가 부모의 지시를 따르기 싫어할 때도 마찬가지다. 그러나 하지 않으면 벌을 주겠다고 위협하며 강제로 밀어붙이는 일은 학대에 가깝고, 자녀의 의욕을 빼앗아 버리는 최악의 대응이라 할 수 있다.

싫어하는 일을 억지로 하도록 강요하지 않는 것이 기본 원칙이다. 그럼에도 반드시 해야 할 일이 있다면, 먼저 자녀가 왜 싫어하는지 그 마음과 이유를 충분히 들어준 후, 그럼에도 불구하고 해야 하는 이유와 상황을 명확하게 설명해 마음을 움직이는 것이 중요하다.

이야기를 듣고 할지 말지를 결정하는 일은 어디까지나 자녀의 주체적인 판단이다. 이를 존중하면서 자녀를 대등한 입장으로 대하며 말을 건네 보자. 이렇게 접근하면 당장은 거부하더라도 언젠가는 스스로 하려고 할 것이다.

유혹에도 공식이 있다

신중하지 못한 접근처럼 생각할 수 있지만, 이 원리는 진지하게 여성에게 구애하거나 관계를 깊이 발전시키고 싶을 때도 중요하다.

최악의 방법은 자신의 감정이나 상황을 확실하게 설명하지 않은 채 갑자기 잠자리를 요구하는 방식이다. 이러한 행동은 설령 상대방이 호감을 갖고 있었다고 해도 금세 마음이 식을 것이다.

옆에 앉아도 되는지, 손을 잡아도 괜찮은지, 좋아하는 감정을 전해도 되는지, 포옹해도 되는지 등을 하나씩 확인하고 동의를 구하며 차근차근 다음 단계를 밟아나가는 것이 기본이다.

이러한 단계를 거치는 사이 상대방이 호감을 품게 된다면, 자연스럽게 옆에 앉거나 손을 잡게 해줄 것이다. 이는 상대의 긍정적인 신호를 확인한 셈이니 그때 마음을 고백해도 좋다.

상대와 여기까지 오는 동안 부정적인 반응을 보이지 않았다면, 다음 단계도 받아들일 가능성이 크다. 포옹까지 허락했다면 그다음 관계 발전은 시간문제다. 조급해하지 않아도 육체적 관계에까지 다다를 수 있을 것이다.

만에 하나 어느 순간 상대방이 거부의 의사를 보인다면 "마음이 앞서 나갔다."거나 "불편하게 해 미안하다."며 사과하고 깔끔하게 물러나야 한다.

파트너가 잠자리를 거부하는 문제로 고민하는 사람도 많다. 그레이존 사람들은 결혼하면 자유로이 관계를 맺을 수 있을 것이라 생각하기 때문에 거부를 당하면 상대가 의무를 다하지 않는다고 느끼기도 한다. 하지만 그런 생각을 고집한다면, 반쯤은 억지로 강요하는 셈이니 상대방은 더욱 거리를 두게 될 것이다.

결혼했다고 해서 상대방의 뜻을 무시하고 관계를 강요하는 일은 성폭력과 다를 바 없다. 파트너라 할지라도 자연스럽게 관계를 맺기 위해서는 서로 동의하는 절차가 필요하다.

어떤 경우든 기분을 전하고 동의를 구해야 한다. 이때, 상대가 쉽게 동의할 수 있는 사소한 질문부터 물어보는 이른바 예스세트Yes Set라는 심리 유도술이 핵심이다. "네"라고 편하게 답할 수 있는 질문을 던지므로 상대방이 마음을 허락하기 쉽다. 이는 상대를 조종한다기보다도 편안한 관계를 구축하는 기본적인 대화 기술이라 할 수 있다.

상대방도 허락할 마음이 생기기를 기대하고 있을지도 모른다. 편하게 허락할 수 있도록 돕는 일 또한 중요한 사회적 기술이다. 여기서는 자신의 감정을 솔직하게 표현하면서도 상대의 기분을 존중하는 자세가 필요하다. 상대방은 그러한 모습을 보면서 자연스럽게 마음을 열고 허락하기 때문이다.

사례 7

부부 관계를 고민하는 남성의 마지막 상담

IT 대기업에 다니는 N씨는 아내와의 관계로 고민이 많았다. N씨는 성실하고 우수한 기술자였지만, 상대방의 기분을 헤아리거나 자신의 마음을 표현하는 데 서툴렀다.

어느 날은 아내가 잠자리를 거부하자 큰 충격을 받았고 그 일로 인해 필요 이상으로 아내와의 관계에 더욱 집착하게 되었다. 그러나 아내의 눈에는 남의 기분을 헤아리지 않는 독선적인 욕망으로 보였고, 점점 더 냉담해졌다.

상담을 통해 N씨는 자신이 아내의 기분이라는 요소를 고려하지 못했다는 사실을 깨달았다. 아내가 남편에게 안정감과 신뢰감을 느낄 때 비로소 관계를 받아들일 수 있다는 점을 새삼 인식하면서 아내를 대하는 태도를 변화시키기 시작했다.

그리고 어느 날, 아내의 입에서 "내일 상담은 받으러 가지 않아도 된다."는 소리가 나왔다. 오랜만에 아내에게서 듣는 긍정의 신호였다.

저항에 저항하지 않기

상대방의 거부 신호를 인정했다면 이를 무시하지 않고 강행하지 않는다는 원칙은 대인 관계에만 적용되는 것이 아니라, 다양한 상황에서도 적용되는 원칙이다. 바로 저항에 저항하지 않는 태도이다.

어떤 일을 하려고 할 때 저항에 부딪히는 순간이 있다. 그렇다면 일단 멈춰야 중대한 사태를 회피할 수 있다.

나는 30년 전에 한 내시경 전문의에게서 이 원칙을 처음 배웠다. 그는 내시경을 삽입할 때 저항이 느껴지면 결코 무리하게 밀어넣어서는 안 된다고 말했다. 그럴 때는 일단 멈추고 살짝 뒤로 뺀 뒤, 조심스레 다시 시도해야 한다. 억지로 밀어넣으면 위나 장의 내벽이 손상되거나 찢어지는 심각한 사고로 이어질 수 있기 때문이다. 이 원칙은 형태만 다를 뿐 다른 분야의 전문가들에게서도 자주 듣던 말이었다.

이를테면 이 원칙은 심리 상담 분야에서도 중요한 개념이다. 도박 중독으로 고민하는 사람에게 단순히 "그만두라."고 말해도 자신 없어 하는 반응이 돌아올 뿐이다. 이를 보고 정색하며 "절대로 하지 않겠다."는 약속을 받아내더라도 그 약속이 지켜지기는 어렵다. 결국 도박을 끊지 못한 자신을 탓하거나 약속을 어겨 볼 면목이 없다며 상담에도 오지 않게 된다.

본인이 저항하는 기색을 드러냈을 때 이를 강제로 억누르려고 하면 오히려 역효과를 불러올 수 있다. 어두운 표정은 저항의 신호이니 한 걸음 물러나 그 감정을 받아들여야 한다. 멈추고 싶지만 쉽게 그러지 못하는 마음을 이해하지 못한다면 상황을 전혀 파악하지 못한 것이나 다름없다. 결국, 문제 해결을 위한 출발선에도 서지 못하게 된다.

기대와 다른 반응이 돌아왔다면, 여기에 저항하려 하지 말고 있는 그대로 받아들이고 인정해야 한다. 모든 일은 여기서부터 시작된다.

상대방의 저항 신호를 알아차리지 못한다면 아무런 소용이 없다. 그러므로 먼저 상대의 반응과 표정을 잘 살펴야 한다. 자신이 하고 싶은 일에만 몰두하지 말고 그럴 때일수록 상대방의 반응에 주의를 기울여야 한다. 그러면 상대가 받아들일지 아닐지를 자연스럽게 알 수 있다.

고집이 세고 집착이 강해 융통성이 부족한 사람은 저항을 받으면 쉽게 정색하는 경향이 있다. 평소에는 온화해 보이는 사람이라도 자신의 뜻과 반대되는 상황이 일어나면 냉정을 잃고 자신의 주장을 끝까지 고집하며 떼를 쓴다. 저항을 받으면 오히려 그 저항에 맞서려는 마음이 생긴다.

이러한 사고방식은 바꿀 필요가 있다. 저항을 느꼈다면 내시경 사례를 떠올려도 좋다. 평소 자기 교수법을 통해 '저항에는 저항하지 말라'고 스스로에게 되뇌는 연습도 효과적이다. 연습할 시간은 충분하다. 매일 연습한다는 생각으로 저항을 느낄 때 힘을 빼고 한 걸음 물러서 상황을 살펴보는 습관을 익히도록 하자.

더 나아가, 정신화 훈련[5] 같은 전문적인 상담을 받아보는 것도 추천한다.

제4장

마음을 열고
안전기지
구축하기

함께 있기만 해도 힘이 나고 행복해지는 사람

　어떤 치료자나 지원자는 함께하면 왠지 긍정적인 방향으로 변화하고, 모든 일이 잘 풀리는 듯한 느낌을 주는 사람이 있다. 반면, 같이 있으면 마치 운이 피하기라도 하듯 상황이 계속 나빠지는 사람도 있다.

　전자는 그들이 가지고 있는 근본적인 생각이나 행동이 서서히 전해져 어느 순간 비슷한 방식으로 생각하고 행동하게 된다.

　긍정적인 지원을 받으면 사람은 점차 자유로워지고 자신을 구속하던 것에서 해방되어 자신만의 인생을 살아갈 수 있다. 하지만 나쁜 조력자를 만나면 자유를 잃고도 해방되었다고 착각할 뿐, 결국 또 다른 구속에 갇히고 만다. 그렇게 되면 주도적인 삶을 사는 것이 아니라 계속해서 누군가의 지배를 받게 된다.

그렇다면, 일이 잘 풀리는 사람은 무엇을 가지고 있을까. 행운을 불러오고 자신의 가능성을 계속 확장시키는 것은 무엇일까. 그것은 바로 마음을 여는 능력이다. 이 능력은 단순히 안전기지를 제공할 뿐 아니라 본래 지닌 능력을 깨우고 새로운 가능성을 열어 준다. 나아가 자신의 안전기지를 손에 넣을 수 있게 해주는 능력이기도 하다.

친밀한 관계나 신뢰 관계를 쌓기 위해

앞장에서 상대방에게 불쾌감을 주지 않고 편안하게 대하는 것, 그리고 배려하는 방법과 붙임성 있게 행동하는 것이 대인관계의 기본이라고 설명했다. 그러한 기술을 몸에 익혔다면 서로 신뢰할 수 있는 친밀한 관계를 형성할 수 있다. 이를 위해서는 마음을 여는 것이 중요하다.

그레이존에 속하는 사람들 중에서도 자폐 스펙트럼 장애에 가까운 성향을 가진 사람이나 회피형, 불안·회피형 경향을 가진 사람은 쉽게 마음을 열지 못한다. 주의력 결핍 과잉행동 장애와 학습장애가 있는 사람 또한 대체로 자신에 대해 이야기하거나 기분을 전달하는 일이 서툴다. 마음을 열고 타인과의 거리를 좁히거나 안정된 관계를 유지하는 데도 어려움을 겪는 경우가 많다.

다만, 마음을 열 수 있는지는 개인이 가진 문제와 노력뿐 아니라 주변 환경과 타인의 대응과도 깊은 관련이 있다. 마음을 열려고 할 때, 공격을 당하거나 멸시받는 환경에 놓이면 누구라도 결국 마음을 닫아버리고 만다. 이러한 경험이 계속되면 마음을 여는 능력을 점차 잃어버리게 된다.

그러나 마음을 여는 과정은 타인의 도움이나 지원을 받기 위해서뿐만 아니라 정신적인 고통이나 트라우마를 회복하기 위해서도 중요한 과정이다. 이 관문을 제대로 뚫을 수 있는지에 따라 인생은 크게 바뀐다.

앞서 언급한 두 남성의 경우를 다시 떠올려 보자. 두 사람 모두 발달 특성을 가지고 있었다. 하지만 한 사람은 현역 의사로 활약하고 있는 반면, 다른 한 사람은 그에 못지않은 능력을 지니고도 이를 제대로 활용하지 못한 채 집에만 머물러 있다. 전자는 붙임성이 좋고 타인에게 기대는 방법을 알고 있는 반면, 후자는 이러한 능력이 부족하다고 설명했다.

하지만 그 배경을 조금 더 살펴보면, 이러한 차이를 만들어 낸 또 다른 요인이 눈에 들어온다. 전자는 그를 긍정적으로 평가하고 든든하게 지지해 주는 사람이 있어 그 나름대로 자존감이나 타인에 대한 신뢰를 키울 수 있었다. 하지만, 후자는 이러한 지원이 부족했고 그를 특별하게 평가해 주는 어른도 거의 없었다.

마찬가지로 집단 괴롭힘을 당했을 때 도움을 요청할 수 있는 사람이 있었는지, 혼자서 견뎌야 했는지에 따라 그 피해는 완전히 달라진다. 같은 능력을 가졌더라도 이를 발견하고 특별하게 평가해 주는 사람이 있느냐에 따라 더욱 성장할 수도 있고 그대로 묻혀버릴 수도 있다.

어려울 때 방패막이나 피난처가 되어 주고 지켜봐 주는 안전기지의 존재는 인생을 크게 좌우한다. 그러나 비록 안전기지의 도움을 받지 못했더라도 마음을 여는 능력이 있다면 외부에서 새로운 안전기지를 발견하고 자신을 지탱해 줄 사람을 만나 기회를 넓혀갈 수 있다.

이번 장에서는 마음을 여는 능력이 가진 힘과 이를 기르는 방법에 대해 배워보자.

마음을 열면 가능성이 넓어진다

마음을 여는 일은 인생의 가능성을 넓혀주고 동시에 마음의 상처를 회복하는 열쇠가 되기도 한다. 그 이유는 무엇일까?

기회는 대부분 외부에서 오며, 이를 받아들이려면 마음을 열어야 한다. 아무리 상대가 손을 내밀고 눈앞에 기회가 주어지더라도 마음을 닫은 사람은 상대방의 호의도, 자신의 가능성도 모두 믿지 못한 채 외면하고 만다.

마음을 여는 방법을 익혔다면 자연스럽게 누군가에게 허심탄회하게 속마음을 털어놓고 신뢰 관계를 맺으며, 조력과 기회를 얻을 수 있다. 또한, 자신과 잘 맞는 파트너나 좋은 인연을 만날 수 있으며 껄끄러운 관계도 개선해 나갈 수 있다.

반대로 상처받아 위로가 필요한 사람을 따뜻하게 감싸고 돕기 위해서도 마음을 열어야 한다. 이는 상담사와 같은 전문가로서 사람을 도울 때뿐만 아니라 가까운 가족이나 친구가 상처받았을 때도 마찬가지다.

그레이존 사람들이 가족과의 관계에서 쉽게 좌절을 겪는 이유도 바로 이 때문이다. 상대의 이야기를 천천히 들어야 할 때나 다정하게 말을 건네야 할 순간에 오히려 이를 무시하고 다른 이야기를 시작하거나 갑자기 자리를 떠나기도 한다. 그러한 행동이 반복되면 상대방은 자신이 사랑받거나 소중한 존재가 아니라고 느껴 당연하게도 사이가 멀어질 수밖에 없다.

마음을 열고 안전기지 구축하기

마음을 열면 상대방의 마음도 열린다

마음을 연 사람만이 상처받고 닫힌 마음을 열 수 있다.

그러나 마음을 닫은 사람에게 다가가면 대개는 나 역시 마음을 닫아버리고 만다. 상대의 거부가 무시당한 듯한 기분을 들게 하고, 바보 취급을 받은 것 같은 생각에 나도 마음을 열 필요가 없다고 느껴 똑같이 거부하거나 무시해 버리게 된다.

그레이존 사람들은 이러한 반응에 빠지기 쉽다. 상황이 순조로울 때는 좋은 관계를 유지하지만, 작은 갈등 하나라도 생기면 급격히 사이가 나빠진다.

이는 다른 사람과의 관계뿐 아니라 가까운 가족이나 친구들 사이에서도 충분히 일어날 수 있는 일이다.

그러나 훈련받은 상담사나 지원직, 혹은 상대방의 마음을 잘 헤아리는 일반인은 다르게 반응한다.

이들은 상대가 마음을 닫고 있을 때 상처받은 기분을 눈치채고 먼저 다가가려 한다. 이들은 상대방과 똑같이 마음을 닫지 않고 더욱 다정하고 정중하게, 끈기 있게 계속 접근한다. 그러다 보면 어느새 상대방도 마음을 열게 된다.

마음을 여는 능력은 타고난 요소 이상으로 훈련과 노력을 거듭해 키울 수 있는 능력이다.

그렇다면 어떻게 하면 마음을 여는 법을 배울 수 있을까.

마음이 열린다는 것

먼저 마음이 열린 상태가 무엇인지 이해해야 한다. 이는 사람을 대하는 태도만이 아니라 모든 가능성에 대해 열린 상태를 의미한다. 나아가 자기 자신에게도 열린 상태, 쉽게 말해 솔직하고 선입견이 없는 상태라고 할 수 있다.

마음을 열기 위해서는 크게 세 가지 조건이 필요하다.

첫 번째 조건은 상대에 대한 신선한 관심이다. 이는 상대를 더욱 깊이 알고 이해하려는 자세를 가리킨다. 내가 흥미를 느끼거나 의견이 일치하는 부분만 크게 칭찬하고, 그렇지 않은 부분은 무관심하게 반응하는 것이 아니다. 오히려 나의 느낌과 관심사에 따라 나만의 시선으로 바라보고 관심을 가지려는 태도다.

처음 만난 사람이나 이제 막 알게 된 상대에게 신선한 관심을 가지는 일은 어렵지 않다. 그러나 수백 번을 만나고 몇십 년을 알고 지낸 사람에게도 변함없이 신선한 관심을 가질 수 있느냐가 관건이다.

두 번째 조건은 있는 그대로 인정하며 받아들이는 태도이다. 다르게 표현하면 내 기준이나 가치관에 얽매이지 말라는 뜻이다. 내 생각과 관심사만 이야기하거나 상대방의 말을 내 방식대로 판단하고 조언하려 한다면, 나도 모르는 사이에 시야가 좁아지게 된다. 이런 태도는 마음이 열린 상태라고 할 수 없다. 상대방의 이야기에 관심을 기울이고 의견을 공유하며 반응할 수 있는 자유로운 태도가 필요하다.

세 번째 조건은 선입견이나 단정, 속박이나 일방적인 가치 판단에서 벗어나 자유로운 **백지상태로** 마주하는 것이다. 이는 두 번째 조건과도 연결되지만 그만큼 중요하면서도 동시에 실천하기 어려운 일이기도 하다. 어떻게 보면 처음 만나는 사람에게는 비교적 쉬울 수 있지만 이미 누군가와 다퉜거나 가슴에 맺힌 응어리가 있다면 이 조건은 통과할 수 없다.

뛰어난 상담사나 인간관계를 조율하는 데 능숙한 사람들은 이전에 심한 악평을 들었거나 불쾌한 경험이 있었다고 해도 모두 잊어버리고 새로운 기분으로 상대방을 대하려 한다. 그리고 실제로 가능한 일이다. 물론, 마음속에는 상처나 혐오감이 남아 있을 수도 있지만 이들은 일단 그런 감정을 잊어버리고 새롭게 시작하려 한다.

사람뿐만 아니라 모든 일에 대한 관심과 미래 가능성에 대해서도 선입견이나 과거의 평가, 그리고 실패에 얽매이지 않는 것이 중요하다. 자유롭게 열린 마음으로 끊임없이 새로운 기회를 찾고 탐색하는 시선은 자신이 가진 잠재력을 일깨우고 더욱 발전시킬 수 있도록 돕는다.

마음을 여는 일, '안전기지'가 된다는 것

이러한 '마음을 여는 상태'란 사람에게 적용하면 곧 '안전기지'가 되는 일과 같다.

안전기지는 안정된 애착을 형성하거나 회복하는 과정에서 안심할 수 있는 토대를 마련해주고 그 과정을 뒷받침해 주는 역할을 한다. 안전기지가 되려면 우선은 상대의 안전을 위협하지 않아야 하고(안전성) 상대가 요구할 때 즉각 반응해야 하며(응답성) 상대의 입장에서 생각해야 한다(공감성). 다시 말해 상대방이 원하지 않으면 참견하지 않고, 상대방의 주체성을 존중하며 이를 침해하지 않는 일 또한 안전성과 응답성의 중요한 원칙이다.

하지만 종종 안전기지를 상대방이 시키는 대로 하거나 상대의 모든 요구를 들어주는 것으로 오해하는 경우가 많은데, 절대 그렇지 않다.

아이와 양육자의 관계처럼 안전기지는 보호가 필요한 존재와 보호자 사이에서 성립하는 것이며, 그 본래 목적은 상대의 안전을 지키고 성장을 돕는 일이다.

어른이라도 힘들 때나 지지가 필요할 때는 안전기지가 되어줄 존재가 필요하다. 하지만 그러한 안전기지가 지속적인 의존으로 이어지거나 상대의 어려움을 대신 해결해 주는 방식이 된다면 오히려 자립과 성장을 방해할 수 있다.

즉, 안전기지는 상대가 도움이 필요하지 않으면 서서히 그 영
향력을 줄이며 스스로 일어나 걸을 수 있도록 응원하는 존재다.
따라서 이들에게는 서서히 손을 놓을 수 있는 능력이 필수적이
다. 모든 일을 대신 처리해 주려고 한다면 이는 안전기지가 아
니라 후견인이나 대리인에 가까워진다.

열린 마음의 힘

열린 마음은 누군가와 연결되고 안도감과 신뢰가 형성되면서
서로에게 긍정적인 효과를 주는 신비로운 힘을 가지고 있다. 상
대방은 물론이고 자기 자신 또한 구원받고 활력을 되찾게 된다.
이 말은 무엇을 의미할까?

상처받아 마음의 문을 닫고 등을 돌린 사람이 있다고 가정해
보자. 그 사람이 나를 부정하다고 생각해 똑같이 외면한다면,
상대방의 마음은 더욱 비뚤어지고 사람에 대한 불신만 커질 것
이다.

상대가 등을 돌리고 있어도 열린 마음으로 다가가야 한다. 동
시에 그 사람이 나를 외면하고 있다는 사실 자체도 있는 그대로
인정하고 받아들여야 한다. 그러면 결국, 상대방도 외면할 필
요가 없다는 사실을 깨닫고 대화를 시작할 것이다. 단단한 껍질

뒤에 감춰두었던 상처를 꺼내기 시작하면 감정이 공유되면서 서로 가까워질 수 있다.

이때, 상처받은 사람뿐만 아니라 그 마음을 보듬으려는 사람 또한 구원받고 있음을 느끼게 된다.

실력이 뛰어난 상담사일수록 열정적으로 일하는 이유는 무엇일까. 그것은 자신의 희생과 노력에 상응하는 심리적 보상을 받고 있기 때문이다. 마음의 상처를 지닌 사람이 아주 조금이라도 편해지고 좋은 방향으로 변화하는 모습을 지켜보는 일 자체가 상담사에게도 큰 기쁨이기 때문이다. 또한, 서로 마음을 열고 하나기 되어 함께 나아갈 수 있는 관계에서 편안함을 느끼기 때문이다.

이와 마찬가지로 일반적인 대인 관계나 가족 관계에서도 마음을 열면 더욱 편안한 기쁨을 안겨주는 관계로 변할 수 있다.

열린 마음이 지닌 힘은 인간관계뿐 아니라 개인의 가능성을 넓혀주기도 한다. 이전까지 스스로를 제한하고 있던 상황에서도, 마음을 열어 구속으로부터 자유로워지면 새로운 가능성이 펼쳐지게 된다.

은둔형 외톨이였던 K씨가 회복할 수 있었던 이유

K씨가 은둔형 외톨이가 된 것은 고등학교 시절이었다. 그는 상황을 극복하기 위해 상담을 받기로 결심했다. 6년 만에 외출했더니 동네 역 앞은 재개발로 인해 완전히 변해 있었다. 마치 '신선놀음에 도낏자루 썩는 줄 모른다'는 속담이 떠오르는 느낌이었다.

은둔 생활에서 벗어난 K씨는 마트에서 일하기 시작했다. 주변 사람들도 친절했고 일이 싫지도 않았지만, 시간이 지날수록 어딘가 허전함을 느끼기 시작했다. 대학을 가지 않아 졸업장도, 자격증도 없었지만, 자신이 원하는 일이 적어도 현재 하고 있는 일은 아니라는 생각이 들었다.

K씨는 궁금한 것이 생기면 닥치는 대로 도서관에서 책을 빌리거나 인터넷으로 검색하며 정보를 모으고 공부했다. 경제, 외국어 등 분야를 가리지 않았다. 모르는 내용은 이해할 때까지 계속 찾아보며 지식을 흡수해 나갔다. 고등학교 시절 공부를 포기한 탓에 오히려 배우는 과정 자체가 신선하게 느껴졌는지도 모르겠다.

그렇다고 해서 K씨가 공부한 내용이 현재 업무와 직접적으로 관련이 있지는 않았지만, 그는 K씨가 스스로의 의지로 노력하고 있다는 사실을 존중하여 불필요한 간섭 없이 진지하게 K씨의 이야기를 경청했다.

그러던 중 K씨는 프로그래밍에 흥미를 느끼기 시작했고, 점점 더 깊이 빠져들었다. 그는 이 분야로 이직하고 싶다는 생각도 들었지만, 독학으로 익힌 프로그래밍 지식이 실제 현장에서 얼마나 통용될지 확신할 수 없었다. 제대로 된 정식 교육을 받지 않은 자신이 채용될 가능성은 없다고 여겨 취업에 뛰어들 엄두조차 내지 못했다.

그런 가운데 K씨의 어머니가 병에 걸렸고, 병세는 매우 심각했다. K씨는 큰 충격을 받았지만, 마냥 슬픔에만 빠져 있을 수는 없었다. 그는 어머니의 병에 대해 철저히 조사하고, 최선의 치료를 받을 수 있도록 여러 차례 의사와 상담하며 정성껏 간호했다. 동시에 집안일과 요리까지 도맡아 하며 책임을 다했다. 다행히 어머니의 상태는 눈에 띄게 좋아져 의사도 놀라움을 감추지 못할 정도였다.

이때 K씨는 망설이기만 했던 프로그래머로서의 취업을 진지하게 고민하기 시작했다. 어머니의 병이 어떻게 될지 모르는 상황에서 자신이 할 수 있는 일을 생각하니 더이상 망설일 때가 아니라는 결론을 내렸다.

그는 인턴십에 지원해 실제 현장에서 프로그래밍 업무를 경

마음을 열고 안전기지 구축하기

험하는 일부터 시작했다. 비록 배워야 할 것이 많았지만, 뭐든 할 수 있을 것 같다는 느낌이 들었다.

의외로 대학이나 전문학교에서 정식으로 프로그래밍을 배운 동료들이 그를 동료로 받아들여 주면서 그때까지 나누어 본 적 없었던 대화에도 참여할 수 있었다. 동료들은 K씨가 모르는 것을 가르쳐주거나 상심했을 때는 위로도 해주었다. 그는 어머니의 병에 대해서도 솔직하게 이야기 할 수 있었고, 자연스럽게 의지하거나 푸념을 늘어놓을 수 있는 관계로 발전했다. K씨에게 이들은 처음으로 신뢰할 수 있는 동료들이었다.

어머니의 병은 힘든 시련이었지만, 동시에 K씨에게 많은 깨달음을 안겨주었다. 주어진 시간이 얼마 남지 않았을지도 모른다는 생각 그리고 더이상 후회하고 싶지 않다는 마음이 들자, 자신이 품고 있던 불안과 망설임이 별일 아닌 듯 사소하게 느껴졌다. 게다가 힘든 치료 속에서도 미소를 잃지 않고 환하게 웃는 어머니의 긍정적인 모습을 보며 그는 정신을 차리고 제대로 살아가야겠다고 다짐했다.

그동안 어머니가 해오던 일들을 직접 해야 했다. 의사뿐만 아니라 다양한 직종의 사람들과 대화하며 중요한 결정들을 절충해야 했다.

막상 해보니 못 할 것도 없었다. 집안일, 공부, 인간관계, 어떤 일이든 도망치지 않겠다고 다짐하자 척척 해낼 수 있었다. 이러한 경험으로 K씨는 그동안 자신이 실패와 사람들의 손가락질이 두려워 도망쳤을 뿐이라는 사실을 깨달았다.

피하지 않고 여러 사람들과 대화를 나누니 점점 다양한 주제로 이야기할 수 있게 되었다. K씨는 스스로 말주변이 없다고 생각했는데, 그저 대화 경험이 부족했을 뿐이었다. 이를 깨닫고 나니, 아무렇지도 않게 대화를 나눌 수 있게 되었다.

집에 은둔하던 생활에서 벗어나기 위해, 의사나 상담사에게 자신의 이야기를 털어놓고 도움을 받은 것부터가 시작이었다. 이러한 과정을 거치며 K씨는 누군가에게 의지하거나 자신의 기분과 생각을 표현해도 된다는 사실을 깨닫게 되었다. 그리고 일을 할 때도 가장 중요한 요소라는 것을 절실히 느꼈다. 지식은 아는 것만으로는 사용할 수 없다. 누군가와 관계를 맺어야 비로소 일로 성립된다는 사실을 동료와 다른 사람들과의 경험을 통해 배울 수 있었다.

실제로 K씨가 가장 크게 변화한 부분은 사람을 신뢰하고, 사람에게 의지할 수 있게 되었다는 것이다. 이 모든 변화는 K씨가 마음을 열었기 때문에 가능했다. 그는 이제 자신을 꾸미거나 과장하지 않고 자연스럽게 있는 그대로를 내보일 수 있게 되었다. 경계하지 않는 그 편안한 분위기가 K씨를 감싸고 있던 벽을 허물고 다른 사람들과도 거리낌 없이 어울릴 수 있도록 해주었다고 나는 생각한다. 이러한 변화는 동료, 친구, 사람뿐 아니라 일의 기회까지 자연스레 불러오는 힘이 되었다.

나아가 K씨는 스스로가 무슨 일을 해도 쓸모없는 존재로 여기던 부정적인 선입견에서 서서히 벗어나 자신이 배우고 싶은 일을 배우기 시작하면서 그가 지닌 본래의 가능성이 활짝 꽃피우기 시작했다.

마음을 열려고 할 때 상처 주는 사람에게는

처음부터 왜 마음을 닫게 되었을까. 과거에 마음을 열고 솔직한 감정을 보였을 때 상처받거나 모욕감을 느낀 경험이 있기 때문이다. 같은 일이 또 일어날까 두려워 주저하게 되고 결국 마음을 여는 것을 무서워하게 된 것이다.

용기를 내었다가 또다시 상처를 입는다면 인간에 대한 불신과 자기 부정의 그늘 속으로 숨어 버릴 수 있다. 그렇기에 다시 상처받지 않으려면 마음을 여는 기술을 익히는 동시에 상처를 주거나 불합리한 요구를 하는 사람으로부터 나를 지키는 방법을 배워야 한다.

마음을 여는 것과 마찬가지로 나를 지키려면 때로는 마음을 닫고 거부할 줄도 알아야 한다. 다음 장에서는 자신을 지키는 기술에 대해 설명하기로 한다.

전문적인 접근법으로 볼 때, 마음을 여는 기술을 익히는 가장 효과적인 방법은 자신에게 안전기지가 되어 줄 상담가와 지속적인 상담을 이어가는 것이다. 이 과정에서는 어떤 기술을 쓰는가보다도 상담가와 편안하고 신뢰할 수 있는 분위기에서 대화할 수 있는 환경이 더 중요하다.

마음을 열고 안전기지 구축하기

제5장

나를
지키기

거절하기 어려운 동료의 부탁

대형 커피 체인점에서 근무하는 J씨는 동료와의 관계로 고민하고 있다. 동료가 귀찮은 일을 모두 J씨에게 떠넘기기 때문이다. 심지어 퇴근할 무렵에 이것저것 부탁하고서 정작 본인은 일찍 퇴근해 버린다. J씨도 할 일이 산더미 같은데 너무하다는 생각은 들지만, 부탁을 거절하는 것도 도리에 어긋난다고 느껴 제대로 거절하지도 못하고 결국 무리해서 일을 처리하고 만다.

J씨는 회사의 분위기나 하는 일은 좋아하지만, 그 동료와 근

무 시간이 겹치기만 해도 마음이 무거워졌다. 최근에는 기분까지 침울해져 문득 죽고 싶거나 회사에서 믿을 만한 사람이 아무도 없다는 생각이 들어 괴로워졌다.

J씨는 이전에도 같은 체인의 다른 지점에서 근무한 적이 있었는데 늘 상황은 비슷하게 흘러갔다. 결국 너무 힘들어 그만두고는 했지만, 이번만큼은 가능하면 일을 계속하고 싶다고 말했다.

J씨에게 더 자세한 사정을 물어보았다. 상대를 배려하려는 심성 탓에 거절을 어려워했던 그의 성격도 있지만, 상대도 만만치 않은 사람인 듯했다. 겉보기에는 쾌활해 보이지만, "너는 좋은 사람이니 내 부탁을 당연히 들어줄 거지."라는 태도와 기대를 은근히 드러내며 부탁을 거절한 틈을 주지 않았다. 교활함에 있어서는 동료가 한 수 위라고 볼 수 있었다. J씨 같은 불안형 애착 유형은 귀찮은 일만 억지로 떠맡게 되는 불합리한 상황에 놓이고 만다.

상대의 요구를 거절하지 못하는 그레이존 사람들

불안형 애착 유형뿐 아니라, 그레이존 사람들 역시 상대방의 요구를 능숙하게 회피하거나 반박하는 데 어려움을 느낀다. 그래서 마찰을 피하기 위해 상대의 지시에 따르는 경우가 많고 그러다 보면 스트레스가 계속 쌓여 결국 한계에 부딪히고 만다.

불안형 애착 유형은 상대방의 기분에 민감하게 반응해 자신을 희생하면서까지 과도하게 상대방에게 맞추려고 한다. 그러나 단순히 불안형 애착 유형이라는 사실만으로는 발달에 문제가 있다고 볼 수는 없다. 다만, 최근에는 경미한 자폐 스펙트럼 장애와 불안형 애착 유형을 함께 가진 사람이 증가하는 추세다. 이들은 신경이 예민하고 또한 주변 사람들의 표정과 반응에도 민감하게 반응하는 이중의 민감함을 가지고 있다.

즉, 이들은 신경학적으로 예민할 뿐만 아니라 심리·사회학적으로도 민감한 성향을 가지고 있다. 이들은 고집이 세기도 하고 남을 지나치게 배려하다가 피로해지는 경향이 있어 대인 관계나 의사소통을 어려워한다 또한, 자폐 스펙트럼 장애의 그레이존에 해당한다는 진단을 받기도 한다. 하지만 일반적인 자폐 스펙트럼 장애와는 달리, 이들은 공감 능력과 분위기를 읽는 능력이 매우 뛰어나다.

사회생활에서는 상대방의 기분을 헤아리고 적절히 맞추는 일이 중요하지만, 이와 마찬가지로 자기 자신을 적절하게 지키는 기술 또한 필요하다.

나를 위해 능숙하게 거절하는 법

나를 지키기 위해서는 우선 싫은 일에 거절의 신호를 보내는 일이 중요하다. 싫다고 느꼈을 때 어떠한 형태로든 거절의 신호를 보내야만 아무런 반응을 하지 않을 때보다 상황을 훨씬 유리하게 풀어나갈 수 있다. 만약 거절의 신호를 무심코 삼켜버리는 사람이라면 일단 거절의 신호를 보내는 연습을 시작해야 한다.

그레이존 사람들 중에는 상대를 비난하거나 공격적인 언동을 보이는 경우도 있지만, 사실은 그렇지 않은 사람이 더 많은 편이다. 이들은 집단 따돌림이나 괴롭힘을 당하는 경우가 많고 스트레스로 인해 우울증과 같은 정신적 질병을 앓기 쉽다. 또한 부당한 일을 당해도 반격하거나 거절하지 못해 결국 일방적으로 책임을 떠맡게 되어버리기도 한다.

사례 10

남을 탓하지 않는 50대 남성

T씨는 성실하고 부지런한 50대 남성이다. 지금은 안정된 삶을 살고 있지만, 20~30대 시절에는 하루하루가 고통스러웠다.

어렸을 적부터 다른 아이들과 어울리기보다는 혼자 조용히 프라모델을 조립하거나 책을 읽는 것을 좋아했다. 꼼꼼한 성격 덕분에 무슨 일이든 완성도가 높았지만, 대신 시간이 많이 걸리는 편이었다.

그럼에도 불구하고 기술직은 자신만의 속도에 맞춰 일할 수 있었기 때문에 T씨와 잘 맞았던 것 같다. 덕분에 20대 시절은 비교적 순조로웠다. 특히 말단 직원일 때는 일을 잘하는 상사도 있었고, 아직 결혼 전이었기에 바쁘더라도 어떻게든 버텨낼 수 있었다.

30대 초반, T씨는 지인의 소개로 알게 된 여성과 결혼해 아이를 낳았다. 나이도, 경력도 쌓이면서 점점 더 책임 있는 업무를 맡게 되었다. 하지만, 영업 담당자가 "T씨, 미안하지만 부탁해."라는 한마디와 함께 납기가 촉박한 일을 넘길 때마다 거절하지 못하고 늦게까지 야근하는 일이 잦아졌다. 심지어 한밤중에 계속 우는 아이 때문에 잠을 제대로 자지 못해 짜증이 쌓였고, 아내와의 사이도 삐걱대기 시작했다. T씨가 우울증에 걸린 것은 그때였다.

우여곡절 끝에 결국 T씨는 회사를 그만두었지만, 그보다 아내의 이혼 요구에 어쩔 수 없이 서류에 도장을 찍었던 순간이 가장 힘들었다. 그 후로 아이도 전혀 만날 수 없게 되었고 그러한 상황에 그는 우울증에서 벗어나지 못했다.

다행히 지금은 생활의 리듬을 되찾고 혼자만의 생활을 즐기고 있다. 꼼꼼한 성격에 손으로 하는 작업을 좋아하는 T씨는 텃밭에서 기른 채소로 요리를 하거나 휴일에는 목공을 하는 등 바쁜 나날을 보내고 있다.

어느 날, T씨는 발달 검사를 받아보고 싶다고 했다. 자신의 인생을 돌아보니 어딘가 석연치 않은 점이 있어 무엇이 문제인지 궁금했다고 한다. 과거의 자신이 어떻게 행동했으면 좋았을지 이해하고, 이를 앞으로의 인생에 활용하고 싶다는 것이다.

그래서 일반적인 지능 검사 외에도 의사소통의 특성과 사회적 인지, 동일성에 대한 고집을 평가하는 전문적인 검사를 진행했다. 검사 결과, T씨는 언어 이해력과 지각 통합 능력이 높고 복잡한 문제를 잘 풀었다. 하지만, 작업 기억과 처리 속도가 낮아 비교적 단순한 문제를 해결하는 데 어려워한다는 사실을 알 수 있었다. 이는 아스퍼거 유형의 자폐 스펙트럼 장애에서 흔히 나타나는 특성 중 하나였다.

다만, 이러한 특성만 가지고 있었다면, T씨는 힘든 일 없이 기술자로서 평탄한 삶을 살았을지 모른다. 그가 스트레스를 받았을 때 어떤 의사소통을 취하는지를 알아보기 위해 그림 좌절 검사Picture Frustration study를 진행한 결과, 놀랄만한 결과가 나왔다. 보통 35퍼센트 정도를 차지하는 상대방을 공격하는 반응(외벌 반응)이 T씨의 경우 고작 5퍼센트 정도에 불과했다.

T씨는 무리한 요구를 거절하지 못해 결국 우울증에 걸렸다. 그 이후에도 예전처럼 다시 일하려고 했지만, 업무에 집중하지 못하는 사실을 자책하며 스스로 일을 그만두었다. 이혼 역시 병에 걸려 돈을 벌지 못한 자신의 탓으로 돌렸다. 아내의 요구대로 친권과 감호권도 넘겼고, 면접 교섭권도 포기했다. 이 모든 일은 부당한 요구를 거절하지 못하고 그 책임을 스스로 떠안으며 본인을 지키려는 최소한의 주장조차 할 수 없었던 사실이 원인으로 보였다.

다만, 이는 T씨가 오랜 시간을 걸쳐 도달한 나름의 경지일지도 모른다. 어렵게 맞춰 온 균형이 무너지지 않도록 "T씨는 마치 부처님 같군요. 모든 걸 탓하지 않고 그저 용서하고 계시니까요."하고 이야기하자 T씨는 크게 납득한 것처럼 고개를 끄덕였다.

현명하게 '거절 신호' 보내기

하지만, T씨는 그러한 경지에 이르기까지 오랜 시간 괴로워해야 했다.

이를 고려한다면, T씨처럼 경지에 다다르기보다는 스스로를 제대로 지킬 수 있는 방법을 익히기를 추천하고자 한다.

그러기 위해서는 확실하게 거절 의사를 표현하고, 또한 상대방이 선을 넘는 부당한 행위를 할 때는 불만을 드러내고 책임을 추궁할 줄 알아야 한다.

다만, 과도한 방어는 오히려 관계에 불필요한 타격을 줄 수 있고, 자칫하면 자신이 나쁜 사람처럼 보일 수도 있다.

그러므로 되도록 평화적인 방식으로 대처해야 하는 것이 중요하며, 이때는 적절한 거절 신호를 보내는 법을 익혀야 한다.

거절 신호의 첫 번째는 안색과 목소리다. 곤란하거나 당혹스러운 표정을 짓고 목소리는 조금은 괴로운 듯 낮게 깐다. 눈치가 빠른 사람이라면 이것만으로도 멈칫하게 된다. 하지만, 이러한 신호가 통하지 않는다면 조금 더 힘겹고 약간 화가 난 듯한 표정과 태도가 필요하다.

두 번째는 거절 문구다. "글쎄요." "어려울 것 같네요."와 같은 다소 완곡한 표현부터 "기다리세요." "안 돼요." "힘들어요." "할 수 없어요."처럼 좀 더 직접적인 표현까지 상대방이나 상황에 따라 적절히 나누어 사용한다.

상대방이 둔감하거나 뻔뻔하게 굴고 조금은 짜증이 나는 부탁을 한다면, 오히려 딱딱하고 단호한 표정을 지으며 후자와 같은 표현을 할 줄 알아야 한다. 그런 사람에게는 확실하게 거절하는 편이 좋기 때문이다.

그리고 자신의 사정을 설명하는 일도 중요하다. 그러한 기술은 부탁하거나 교섭할 때처럼 어려운 상황에서 더욱 중요해진다. 수고스럽더라도 항상 사정을 설명하면 의사소통과 상호 이해 모두 원활해진다.

의사소통이나 대인 관계에 능숙한 사람은 항상 자신의 사정을 설명하고, 상대방이 불신 없이 행동의 배경과 기분을 이해할 수 있도록 사소한 노력도 게을리하지 않는다.

상대방이 나름의 예의를 갖춰 부탁했거나 금전이 얽힌 문제일 때는 곧바로 거절하기 어려울 수도 있고, 결과적으로 거절하더라도 느닷없이 "싫다"고 한다면 진심이 의심받을 수도 있다.

그러한 경우는 일단 한 발 물러서는 것을 기본 규칙으로 삼아야 한다. "생각할 시간을 달라."거나 "검토해 보겠다." "가족이랑 상담해야 한다." 등의 대답으로 일단 즉답을 피하고 시간을 번다. 그런 다음 며칠 후에 정중하게 거절하면 된다.

어려운 상대와는 예의 있게 거리 두기

세상에는 다양한 사람이 있다. 다른 사람에게 피해를 주지 않도록 신경 쓰고 규칙을 제대로 지키려는 사람도 있지만, 자기만 특별한 대우를 받길 기대하며 원하는 대로 되지 않으면 상대방을 탓하고 폭언을 내뱉는 사람도 있다.

직장에서는 가치관이 다른 사람과 부딪힐 일도 많고, 친구나 파트너가 그런 유형일 가능성도 적지 않다. 상대하지 않아도 된다면 최대한 거리를 두면 되지만, 때로는 피할 수 없는 경우도 있다.

이럴 때는 상대방에게 예의 있게 경의를 표하면서 일정한 거리를 두는 것이 가장 좋다. 예의를 갖추는 일은 친밀감을 쌓기보다는 거리를 유지하는 방향으로 작용한다. 까다로운 상대일수록 예의를 지키면서 불필요한 말을 삼가고 일정한 거리를 유지해야 안전하다.

이 방법은 가족, 동료, 상사 등 누구에게나 효과적이다. 상대방은 예의를 갖춘 행동에 서먹함을 느낄 수도 있지만 형식적이더라도 충분한 예의를 갖추면 상대방의 공격을 막을 수도 있다.

만에 하나 예의 있는 행동에도 불구하고 상대가 나를 공격한다면 이는 명백한 괴롭힘이며, 상황에 따라서는 모욕죄나 업무방해죄에 해당할 수 있다.

이는 내가 아닌 상대방의 문제이며, 상대방이 제 무덤을 파고 있는 격이다. 법정 다툼으로 번진다면 불리해지는 것은 상대방이다.

내가 그렇게 이상하다고?

공자의 지혜

가치관과 상식이 서로 다른 사람들이 모인 회사에서 알력과 충돌을 최소화할 수 있는 방법은 무엇일까. 이에 대해 중국의 사상가인 공자는 이러한 난제에 대해 해결책을 제시했다.

중국의 동란기였던 춘추전국시대에 태어난 공자의 사상은 이천 년이 넘는 세월이 지나도록 계승되고 있다. 케케묵은 봉건사상이라 평가할 수도 있지만, 실제로 사회 평화를 유지하는 데 유용한 방법임이 증명되었다. 여기에는 인간성 뒤에 가려진 공격성과 파괴적인 충동을 제어하기 위한 지혜가 담겨 있다.

공자는 사회 질서의 근간으로 예의를 중시했다. 예의는 사회적 입장과 질서를 분별함으로써 올바르게 사용할 수 있다. 예의에는 서로가 공유하는 규칙이 있다. 우리는 이를 지킴으로써 같은 공동체의 일원이라는 유대감을 확인하게 된다.

속을 알 수 없는 상대에게도 최소한의 예의를 갖추는 것은 그를 같은 공동체의 일원으로 여기고 일정한 경의를 표한다는 의미이다.

이 최소한의 규칙이 더 이상 공유되지 않는다면 이후 문제 해결 방법은 폭력이나 법률에 의존하는 수밖에 없다. 폭력은 논외로 치더라도 때로는 법적 대응도 필요한 법이다. 하지만, 그 엄청난 수고와 재판에 대한 스트레스로 목숨을 끊는 사람도 있다는 사실을 생각하면, 대부분은 이러한 상황을 피하고 싶을 것이다. 예의를 지키는 행동은 인간으로서 최소한의 규칙을 존중하고 쓸데없는 다툼은 피하자는 암묵적인 약속을 확인하는 행위다.

내 입장을 솔직하게 전하는 법

앞에서도 언급했지만, 자신의 사정을 설명하는 일은 나를 지키는 중요한 기술 중 하나다. 그러나, 꼭 진실만 이야기할 필요는 없다. 그리고 자기 사정만 늘어놓으려는 상대방에게는 내 사정도 확실히 전달해야 한다.

예를 들어 돈을 빌리러 온 친구는 대부분 내 주머니 사정을 떠보려고 한다. 이때, 금전적으로 여유가 있다는 말은 금물이다. 친구의 어려운 사정도 이해는 가지만, 나 또한 대출 상환이 어려워 카드로 겨우 버티고 있다는 식으로 이야기한다면 상대도 포기할 것이다.

사정을 설명하는 기술은 일상적인 의사소통을 할 때도 중요하다. 어느 날, 퇴근 후 지친 몸을 이끌고 집에 왔다고 가정해 보자. 의사소통 기술이 부족한 사람은 그저 언짢다는 듯 입을 꾹 다물고 피로와 스트레스를 짜증 난 태도로 표현한다. 이런 태도는 가족들에게 거만하게 보일 수밖에 없다. 가족들도 시한폭탄을 대하듯 침묵하거나 각자 방으로 피해버릴 것이다.

의사소통 기술이 뛰어난 사람은 그날 있었던 일을 주제 삼아 힘들었던 일이나 억울했던 기억, 상사와 동료에 관한 이야기를 하며 공감을 얻고 고통을 나누려 한다. 자신의 이야기뿐 아니라 가족들의 힘들었던 이야기도 들으며 서로 위안을 주고받는다.

사정을 설명하면 그 사람이 어떠한 생각을 가지고 일을 하는지, 어떠한 어려움이 있는지를 공유할 수 있으므로 자연스레 상대방에 대한 동정과 배려도 생겨난다.

반면 그레이존 사람들은 대개 자신의 사정을 이야기하는 일에 서툰 경우가 많다. 상대방이 이야기를 들어주려 해도 집에서까지 그런 이야기를 하고 싶지 않다거나 시끄럽다며 대화 자체를 거부하고 만다.

무거운 짐을 나눌 수 있는 기회를 놓치는 것 같아 매우 안타깝다. 푸념을 털어놓아도 그저 핑계만 댈 뿐 해결에는 도움이 되지 않는다고 생각한다. 하지만, 이는 실제로 큰 도움을 준다. 어려움이 발생했을 때야말로 가족의 진가가 발휘되는 법이다.

자신의 사정을 전달하는 일은 자기변호이자 상대방을 배려하는 행동이기도 하다. 영문도 모르고 불쾌한 일을 당하는 것보다 이유를 알고 나면 고통이 크게 줄어들고 오히려 힘이 되고 싶다는 마음이 들기도 한다.

나를 지키기

이를 생략한다면 까닭 없는 불신만 늘어나고 제대로 된 도움을 받지 못하는 외로운 인생에 제 발로 걸어 들어가는 셈이 된다.

하고 싶은 일을 확실하게 정하기

사정을 설명하는 것과 마찬가지로, 자신이 원하는 일, 하고 싶은 일을 솔직하게 전하면 무의미한 분쟁과 쓸데없는 부담으로부터 자신을 지킬 수 있다. 나아가, 결국은 자신이 원했던 삶을 더욱 쉽게 실현시킬 수 있다. 나아가야 할 방향을 모른다면 본인뿐 아니라 주변 사람들까지 곤경에 빠지게 된다.

집을 산다고 생각해 보자. 막연하게 생각한 채 매물을 찾다가는 부동산 중개업자만 들들 볶다가 대출도 못 받고 헛수고만 하는 꼴이 될 수도 있다. 예산, 집의 구조, 역과의 거리 등 구체적인 조건을 명확히 한다면 필요 없는 매물을 보는 수고를 줄일 수 있고, 원하는 집을 더 빨리 찾을 수 있다. 희망 금액이 확실하면 의외로 집값을 깎을 기회가 생길 수도 있다. 이처럼, 자신의 상황을 제대로 전달하는 것이 중요하다.

업무든 결혼이든 지나친 요구라고 생각할 필요는 없다. 자신의 희망을 명확하게만 설정해 둔다면 언젠가 기회는 찾아오기 마련이다. 기회가 없다고 한탄하는 사람들은 정작 자신이 무엇을 원하는지 확실히 알지 못해 이를 주변에도 전달하지 않았을 것이다.

타인의 힘을 빌려라

사람마다 가진 능력에 차이가 있다는 것은 잘 알려져 있다. 아무리 팔씨름 챔피언이라도 세 명이 덤비면 승산은 있다. 그리고 회사에서는 혼자 싸워야 한다는 규칙은 없다. 더 많은 사람의 도움을 얻는 사람이 승자가 되는 것이다.

아무리 능력이 뛰어나도 혼자 힘으로 해결해야 한다는 사실에 집착하면 쓸데없는 고생을 하거나 멀리 돌아가기도 하고 심지어 잘못하면 도중에 꿈을 포기해 버릴 수 있다. 자신을 지키는 능력이 강한 사람은 도움을 요청하는 데 주저하지 않는다. 사정을 설명하는 능력으로 수완과 정보, 인맥을 가진 사람들에게 도움을 요청해 자기편으로 만든다.

그레이존 사람들은 대개 이러한 능력이 부족하다. 이들이 집단 괴롭힘을 경험하기 쉬운 이유 중의 하나는 괴롭힘을 당했을 때 도움을 요청하지 않아 그들을 도와줄 사람이 나타나지 않으므로 결국 이러한 상황이 오랫동안 지속될 가능성이 높기 때문이다.

자폐 스펙트럼 장애가 있더라도 평소에 선생님이 지켜주고 있다고 생각해 안심하면 괴롭힘을 당했을 때도 금세 선생님에게 알릴 수 있다. 그러면 교사나 부모가 빠르게 개입해 문제를 해결할 수 있으므로 큰 상처를 입지 않는다.

그레이존 사람들은 일반학급에 배정되는 경우가 빈번하므로 특별한 보호를 받기 어렵다. 또 상담할 상대도 없어 괴로운 나날들이 이어지게 된다. 결국 몸 상태가 나빠져 학교를 쉬는 것 말고는 방법이 없다.

사례 11

괴로운 경험이 융에게 준 교훈

정신의학자 칼 융은 김나지움(대학 진학을 위한 중등 교육 기관)을 다닐 때, 학교가 맞지 않아 반년 동안 휴학한 적이 있었다.

그의 아버지는 작은 마을에서 존경받는 목사였지만 가난했던 탓에 어린 융은 신발에 구멍이 나도 바로 새 신발을 살 수 없을 정도였다.

바젤의 김나지움을 다니는 아이들은 모두 화려한 저택에 살고 사두마차를 타고 다니는 유복한 집안 출신이라 용돈에도 부족함이 없었다. 어린 융은 점차 자신의 집이 가난하다는 사실을 깨닫게 되었다. 게다가 이전까지 작은 마을의 초등학교에서는 천재로 불렸던 그였지만, 김나지움에서는 수학 성적이 낮고 미술 실력도 형편없어 수업을 따라가지 못할 정도였다.

융은 이렇게 회상했다.

"나는 수의 개념을 전혀 몰랐다. 숫자는 꽃도, 동물도, 화석도, 상상할 수 있는 그 어떠한 것도 아니었다. 그저 계산으로 생겨나는 단순한 숫자에 지나지 않았다. 놀랍게도 내가 겪고 있는 어려움을 이해하는 사람이 한 명도 없다는 사실을 깨달았다."

융은 아무래도 경미한 산수 장애나 시공간 인지 장애를 가지고 있었던 것으로 보인다. 이러한 경험은 어린 융의 자존심에 큰 상처를 남겼다.

게다가 그는 이렇게 괴로운 상황을 털어놓을 사람조차 없었다. 어머니는 매우 불안정한 사람이었고, 아버지와도 사이가 나빠 어린 융은 아버지와 함께 자야 할 정도였다. 또한, 융은 목사였던 아버지의 설교마저 의심하면서 내면의 힘든 갈등을 겪어야 했다. 학교뿐 아니라 집에서도 안전기지를 가질 수 없었던 것이다.

그러던 어느 날, 친구들이 융을 돌계단 위에서 밀어버렸는데, 그는 아래로 굴러떨어지면서 연석에 머리를 부딪쳤다. 그 충격으로 잠시 의식을 잃었다가 간질 발작과 비슷한 증상을 일으켰다. 하지만 그는 내심 학교에 가지 않아도 된다는 생각에 기뻐했다.

이 위기를 극복했던 경험은 훗날 융이 정신의학자가 되는 주춧돌이 되었다. 자세한 이야기는 다음 장에서 이야기하고자 한다.

그 후, 융은 어려움을 극복하고 바젤 대학 의학부에 진학한다. 그러나, 대학 2학년 때 또 한 번 더 큰 위기가 찾아온다. 목사인 아버지가 세상을 떠나면서 가족의 수입이 끊길 뿐 아니라 목사관을 비워야 했다. 가족들이 길거리에 내몰릴 위기에 처한 것이다.

그는 학업을 포기해야 하나 싶었는데, 친척들의 도움을 받아 학비와 생활비를 마련할 수 있었고. 친척들은 가족이 머물 집도 구해주었는데 '귀신의 집'이라 불리는 물레방앗간이었다. 이 집에서 그는 어머니와 열 살 난 여동생과 함께 무척 어렵게 생활했다.

의학부를 졸업할 무렵, 융은 3,000프랑의 빚이 있었다고 한다. 현재 화폐 가치로 따지자면 수억 원에 달하는 금액이다. 융은 어떻게든 의사가 되었지만, 정신과 의사의 월급은 생각보다 박봉이었다. 빚을 갚기는커녕 가족들의 생계를 책임질 수 있을지도 불확실한 상황이었다.

이때, 다시 한 번 도움의 손길이 등장한다. 융이 엠마를 아내로 맞이한 것이다. 유복한 공장주의 딸이었던 그녀는 거액의 지참금이 가지고 있었다. 심지어 융은 엠마가 14살 때 처음 만났고 그때부터 자신의 아내는 그녀뿐이라고 확신했다.

첫 만남으로부터 6년 후, 의사가 된 융은 엠마에게 청혼한다. 엠마는 처음에는 거절했지만, 두 번째 청혼에는 승낙했다. 이로써 융은 훌륭한 배우자를 맞이했을 뿐 아니라, 빚 지옥에서도 해방되었다.

김나지움 학생이었을 때는 도움을 청할 사람이 없어 막막했지만 많은 고난을 겪으면서 타인의 도움을 얻는 기술을 터득했다.

이러한 사례는 사람은 혼자만의 힘으로 승부하지 않아도 좋으며 누군가의 도움을 받는다면 희망이 이루고 오랜 고통에서 해방될 수 있음을 시사한다. 스스로를 지키고 행운을 불러오기 위해서도, 사람에게 의지하고 도움을 받는 일은 매우 중요하다.

만일 융이 친척의 도움을 거절했다면, 혹은 지참금을 노린다는 오해가 싫어 엠마가 아닌 다른 여성과 결혼했다면(이러한 일은 고지식한 사람에게 자주 일어나지만), 그의 인생은 완전히 달라졌을 것이다.

내게 맞지 않는 일은 내려놓기

초등학교 5학년 때 나는 주산을 배웠다. 주산을 배우던 친구들에게 학원에서 당일치기 여행을 간다는 이야기를 듣고 꼭 학원에 가야겠다고 생각했다. 어머니도 주산 3급 자격증을 따고 암산 실력이 좋아졌다며 흔쾌히 허락해 주셨다.

곧바로 학원에 등록했지만, 기대와 달리 나는 수업에 잘 따라가지 못했다. 가장 쉬운 10급 자격증을 딸 때도 한 문제를 틀렸다. 선생님도 보통은 100점을 맞는다며 고개를 저었다.

9급과 8급은 간신히 합격했지만, 세 자릿수 곱셈이 나오는 7급 시험에서 고배를 마셨다. 이 정도 급수는 다들 한 번에 합격한다고 한다. 7급은 재도전해 어떻게든 합격했지만, 결국 6급은 따지 못한 채 주산을 그만두었다.

나의 발달 특성이 주산 실력의 향상을 가로막고 있었던 것은 틀림없었다.

반년 동안 주산을 배우면서 내 능력에 대한 신뢰가 떨어질 정도로 큰 상처를 받았다. 주산으로 한정되었다고는 하나 남들을 따라가지 못하고 선생님이 고개를 가로저으며 '왜 그 정도밖에 하지 못하느냐'는 표정을 볼 때마다 내 잘못인 것처럼 느껴졌다.

적절한 시기에 주산을 잘 그만둔 것 같다. 어머니께 그만두고 싶다고 했더니 기꺼이 허락해 주었다. 만일 학원에 계속 다녔다면 자신감을 더욱 잃고 말았을 것이다.

주산은 힘들었지만, 산수 실력은 성장했다. 6학년쯤에는 삼각 측량법에 흥미가 생겨 삼각 함수를 알게 되었고 수학의 재미에 눈떴다. 만일 억지로 주산을 계속했다면 수학 자체가 싫어졌을지도 모른다.

강점과 약점은 종이 한 장 차이다. 스스로를 지키려면 하기 싫거나 맞지 않는다고 생각했을 때 깊게 파고들기보다 포기할 줄 알아야 한다.

도망쳐도 좋다

이처럼 배움조차도 시작보다는 끝내는 것이 더 어렵다. 하물며 책임을 동반하는 일이라면 쉽게 그만두기는 더욱 어렵다. 하지만 누구나 무거운 짐이나 책임을 짊어지고 있으면 가끔 도망치고 싶은 마음이 들기 마련이다.

나 또한 지금까지 몇 번이나 학교와 회사를 그만두었다. 대개는 그곳이 싫어져서 자유로워지고 싶었기 때문이었다. 하지만 생계를 위해서, 혹은 일에 대한 책임 때문에 그만두고 싶어도 그러지 못할 때도 많았다. 이런 상태가 길게는 5년이나 지속되기도 했다. 그럴 때는 언젠가 자유로운 몸이 됐을 때 얼마나 기분 좋을지를 상상하곤 했다.

그만두면 주변에서 무슨 말을 할지 두려워 참았던 적도 있었다. 그러나 막상 그만두겠다고 하니 심한 말을 들었던 적은 한 번도 없었다. 냉정하게 내쳐질 때도 있었지만, 내 마음은 해방감으로 가득 차 있었다.

또는 빈정거림을 각오했지만 오히려 내가 미안해질 정도로 송별회를 열어주거나 꽃다발을 건네며 헤어짐을 아쉬워한 곳도 있었고, 마음속으로 무서워했던 사람들이 진심 어린 말을 해주기도 했다. 이를 보며 내가 생각보다 사람을 비관적으로 보고 있었다는 사실을 깨닫고 놀랐다.

하지만 어떻게 헤어졌든 회사를 그만두고 나오는 순간만큼은 후련한 기분이 들었다. 나를 옭아매던 것에서 해방되고, 앞으로 어떤 운명이 기다릴지 모르지만 계속 억눌러왔던 욕망을 터뜨릴 수 있을 것 같은 일종의 희열과 고양감을 맛보았다.

싫어하는 일에서 도망쳐도 좋다는 사실은 인간으로서 가지는 기본적 권리 중 가장 중요하다고 생각한다. **사람은 어떤 일을 선택할 자유만큼, 혹은 그 이상의 무언가를 그만두거나 내려놓을 권리를 가져야 한다.** 도망치고, 포기하고, 거부하는 것은 그 사람의 자유와 주체성을 뒷받침하는 것들이다.

죽을 각오로 덤벼야 성공한다

임상 심리학자인 가와이 하야오河合隼雄는 일본 단바사사야마 시의 치과의사 집안에서 태어났다. 어머니는 사범학교를 졸업한 뒤 결혼 전까지 초등학교 선생님으로 근무했고 바이올린이 취미였다. 그가 음악에 조예가 깊었던 것도 어린 시절의 환경이 영향을 주었을 것이다.

가와이는 머리 좋은 형들 사이에서 자라며 그늘에 가려졌던 탓인지 내성적이고 툭하면 울음을 터뜨리는 아이였다고 한다. 유치원 입학식에서도 또래 아이들 무리에 어울리지 못하고 어머니 곁을 떠나지 않았다. 형제들이 밖에서 뛰어놀 때에도 그는 집에서 책을 읽는 걸 더 좋아했다. 운동 신경은 좋지 않았지만, 공부를 잘해 수학, 국어 모두 뛰어난 성적을 보였다. 다만, 영어만큼은 조금 부족했다.

그는 분위기를 잘 파악하지 못해 선생님의 말에 "나도 알아요!"하고 버릇없이 대답하곤 해 선생님들이 싫어했다. 덕분에 내신 점수가 좋지 않아 합격을 믿어 의심치 않았던 히메지 고등학교에 떨어지고 말았다.

가와이는 어쩔 수 없이 고베 공업 전문학교에 진학했다. 당시 입시 제도를 생각하면, 대학 진학은 어려워졌다는 의미였다. 그는 전문학교를 그만두고 다시 고등학교에 입학할까도 생각했지만, 재수한다고 해서 반드시 합격한다는 보장은 없었다.

그러던 중에 생각지도 못했던 일이 일어났다. 일본이 제2차 세계대전에서 패배한 후, 전문학교 학생들도 대학 입시를 치를 수 있도록 제도가 바뀐 것이다. 가와이는 전문학교에 다니면서 대입 시험 준비에 집중했다. 그만큼 고등학교 입시 실패가 상당히 충격이었던 듯하다.

그는 교토대학 진학을 목표로 전력을 다했다. 교토대학에 입학하기만 하면 고등학교 입시 실패는 분명 만회할 수 있다고 믿었다. 학과는 아무래도 상관없었다. 그래서 입시 점수가 가장 낮은 광산학과 지원도 고려했지만, 수학을 잘했으므로 결국은 수학과에 지원해 합격했다. 하지만, 행복은 거기까지였다. 가와이를 기다리고 있는 새로운 시련이 있었다.

수학과에서 배우는 내용은 고등학교 때 배운 것과는 전혀 다른 의미 불명의 순수 수학이었다. 교수가 웅얼거리며 칠판에 문제를 풀어나가면 그는 그저 공책에 베낄 뿐 필기한 내용은 나중에 다시 봐도 무슨 말인지 전혀 이해할 수 없었다. 심지어 같은 과 친구들은 모두 말수가 적다 보니 강의실에 있어도 전혀 즐겁지 않았다. 가와이는 진로를 잘못 선택했다며 후회했지만, 이제와 돌이킬 수도 없었다. 급기야 그는 휴학을 하게 되었고 장래에 대한 희망도 잃어버려 자신의 인생에서 가장 어두운 암흑시기였다고 한다.

가와이는 이 시기를 학생 오케스트라에서 플루트 연주자로 활동하며 버텼다. 나는 한참 뒤에 우연히 그의 플루트 연주를 들을 기회가 있었는데, 아마추어라고는 믿기지 않는 실력이었던 걸로 기억한다. 바쁜 와중에 꾸준히 플루트를 연주했다는 점도 감명 깊었다.

휴학 중에 가와이는 다시 수학을 공부했다고 한다. 어느 정도 이해할 수 있었지만, 자신이 삼류 수학자라면 몰라도 일류 수학자는 될 수 없을 거라고 결론을 내렸다. 대신 학원 강사 아르바이트를 하면서 누군가를 가르치는 재미를 맛보게 되었고 그는 고등학교 선생님 중에서도 최고의 선생님이 되기로 마음먹었다. 그러기 위해서는 대학교 졸업장은 필수였다.

가와이는 목표를 세운 뒤 학교로 돌아갔고 졸업한 뒤에는 고등학교 선생님으로 취직했다. 그러자 삶이 단숨에 즐거워졌다고 한다. 가와이는 마치 물 만난 고기처럼 가르치는 일에 열중했다. 그곳에서 훗날 아내가 될 여성도 만났다. 이윽고 가르치는 것만으로는 만족할 수 없어 심리학을 공부하기 위해 교토대학 대학원에 진학했다. 이때부터 가와이 인생에 더 많은 기회가 펼쳐졌다.

만약 수학의 길을 고집했다면 그의 인생은 임상 심리학자가 아닌 어느 대학의 평범한 강사나 대학교 교원으로 끝났을지도 모른다.

구야 스님의 '죽을 각오로 덤벼야 성공할 수 있다'라는 말처럼, 큰 전환점에서 무언가를 버리지 않으면 새로운 기회는 찾아오지 않는다.

나 또한 비슷한 경험을 한 적이 있다. 처음 대학을 그만두기로 결심했을 때 느꼈던 해방감이나, 정신과 임상의를 하면서 선배의 권유에 넘어가 교토대학 대학원에서 실험하며 느꼈던 새로운 세계가 열리고 있다는 감각이 떠오른다.

자신을 지키는 기술을 향상시키려면 상담과 함께 전문적인 대인관계 기술 훈련이나 자기주장훈련[6]이 효과적이다. 타인의 반응에 지나치게 신경 쓰거나 지배되기 쉬운 사람은 『불안형 애착 유형』[7]을 참고하면 좋다.

또한, 자신에게 맞지 않는 환경에서 적응에 어려움을 겪거나 인생의 갈피를 잡지 못할 때도 상담이 도움이 된다. 다만, 이때는 단순히 전문가의 조언을 들으려 하지 말고 시간이 걸리더라도 스스로 내 안에서 조금씩 답을 명확하게 만들어 간다면 진정한 의미의 성장을 이룰 수 있다.

제6장

집착과
흑백 사고에서
벗어나기

사람을 얽매는 규칙과 고집

　사람은 같은 행동을 반복하려는 습성이 있다. 특히 그레이존 사람들은 이러한 경향이 강해 익숙한 패턴을 반복하거나 고집하는 모습을 종종 보인다. 반복적인 행동은 심리적 안정감을 주고 생활 리듬을 만들어 주는 원동력도 되지만, 때로는 큰 문제를 초래하기도 한다.

　게다가 가정이나 학교, 회사와 같은 공동체에서는 서로 다른 습관이나 규칙, 행동 패턴, 상식을 가진 사람들이 함께 활동하므로 당연히 갈등이나 불화가 생겨난다.

집착과 흑백 사고에서 벗어나기

보통은 발언권이 센 관리자급 인물이 규칙을 정하고, 다른 조직원들에게 이를 따르도록 직접적이거나 간접적인 압력을 행사한다. 그레이존 사람들이 다른 사람들에게 밉보이거나 집단 괴롭힘의 표적이 되기 쉬운 것도 이러한 규칙을 잘 따르지 못해 주변 사람들을 짜증나게 하기 때문이다.

가까운 거리에서 오랜 시간 함께 생활한 가족 사이에서도 심각한 문제로 이어질 수 있다.

부부가 서로 다른 생활 규칙을 가지고 있다면, 한쪽이 상대방에게 맞추려 애쓰며 어떻게든 평화를 유지하려고 할 것이다. 그러나 이러한 노력 속에도 나름의 스트레스가 따른다. 만약 두 사람 모두 고집이 센 완고한 성격이라면, 규칙을 둘러싸고 다투기 일쑤라 서로의 감정만 소모될 뿐이다. 사실, 실제로 가정에서 발생하는 많은 문제는 서로의 고집이 부딪치면서 생기는 분쟁이다. 그래서 그레이존 사람들과 그 가족은 그러한 다툼과 갈등으로 인해 더 큰 고통을 느끼는 것이다.

문제는 이것이 부부지간뿐 아니라 육아에서도 나타난다는 점이다. 부모는 자녀가 규칙을 따르지 않으면 곧바로 잔소리한다. 자녀가 그레이존에 해당되어 고집이 세다면 부모는 매일이 스트레스다.

그럼에도 자신의 자녀이기에 특성을 이해하고 어느 정도는 받아들일 수 있다. 문제는 부모가 부모 자신이 그레이존에 해당되면서도 자신의 특성과 그 사실을 자각하지 못한 채로 자녀를 지도하는 경우다. 이들은 훈육이라는 명목으로 자신의 규칙과 기준을 일방적으로 강요하기도 하며 때로는 훈육이 지나쳐 학대의 양상을 보이기도 한다.

어릴 때 자녀는 규칙을 따라야만 하지만 사춘기와 청년기에 접어들면서 부모가 강요하는 규칙에 반항하기 시작하고 이로 인해 부모와 자식 간의 긴장이 고조된다. 그때까지 자녀가 규칙을 잘 따르는 '착한 아이'라고 생각하던 부모는 반항할 정도로 변해 버린 자녀의 모습에 당황하고 '언제 이렇게 나쁜 아이가 되어버렸냐'며 화를 내고 꾸짖는다.

이러한 규칙의 차이를 자각하는 과정은 한편으로는 자녀의 자립을 촉진시키기도 한다. 하지만, 오늘날은 자녀의 독립 시기가 늦어지고 있어 부모와 자식 모두 스트레스를 더 크게 느끼고 있다. 부모가 정한 규칙을 자녀에게 강요하는 것이 드문 일은 아니다. 다만, 자녀가 고집이 세지면 오히려 부모가 했던 것처럼 자녀가 본인의 규칙을 부모에게 강요하는 일도 일어나게 된다.

자녀와의 동거가 스트레스로

C씨는 최근 가슴이 두근거리고 숨이 막히는 듯한 기분을 자주 느낀다. 아무래도 아들이 회사를 휴직하고 집에서 함께 살게 되면서부터 이런 증상이 심해진 듯하다.

아들이 회사를 당분간 쉬겠다고 했을 때, 도심의 원룸 맨션에 혼자 있지 말고 본가로 들어오라고 제안한 건 C씨였다. 돌이켜 보면, 아들은 기숙사형 중고등학교에 다녔기 때문에 어렸을 때부터 부모의 도움 없이 혼자 생활해 왔다. 그래서인지 C씨는 아들의 어리광을 받아 주거나 어머니로서 보살피는 일이 많지 않았다.

그래서 그녀는 아들이 어려서부터 혼자 생활했으니, 지금부터라도 보살펴 주어야겠다고 생각했다.

그러나 막상 함께 살아보니 떨어져 지내는 동안 아들은 전혀 다른 사람이 되어 있었다는 사실을 깨달았다. 전혀 다른 생활 방식을 가지고 있었고, 심지어 이를 부모에게 강요했다. 냄비 닦는 법이나 행주 짜는 법까지 일일이 확인하고 가르치려 들었다.

처음에는 꼼꼼한 성격이라며 C씨도 흐뭇해했다. 그러나 "지난번에도 알려줬잖아. 몇 번을 말해야 알아듣겠어?"라며 고함을 치는 아들을 보며 또 화를 낼까 조마조마해졌다. 아들의 심기를 거스르지 않으려 사과하고 시키는 대로 하면서도 뭔가 잘못되었다는 생각을 떨칠 수 없었다. 점차 아들과 같은 공간에 있는 것만으로도 몸이 뻣뻣해지고 두통과 가슴 두근거림까지 발생했다.

C씨는 아들이 회사에 적응하지 못한 이유가 이런 성향 때문일지도 모른다고 생각했다. 동시에 어린 시절 아들에게 자신도 똑같이 행동했을지도 모른다고 생각하니 등골이 오싹해졌다.

발달 특성은 선천적 요인이 더 크지만, 의외로 성장 과정에서 강해지기도 한다. 부모의 유전적 특성은 유전자라는 형태로 자녀에게 전달되는 것뿐 아니라, 부모가 자녀를 대하는 행동을 통해 철저히 교육되기 때문이다. 실제로 유전적 요인이라 여겨졌던 것이 유전자 자체보다 양육 방식(기르는 방법)의 영향을 더 크게 받는다는 연구도 있다.

고집을 강요하지 않기

고집과 집착은 뛰어난 업적과 성공을 이루는 원동력이 되기도 하지만, 동시에 많은 불행과 괴로움의 원인이 되는 양날의

검이기도 하다.

타인과 원만한 관계를 맺으려면 기본적으로 자신의 고집을 남에게 강요해서는 안 된다. 자신의 생활이나 개인적인 영역이라면 전혀 상관없지만, 자신의 고집이 타인의 영역을 침범하게 되면 큰 문제를 일으키기 시작한다. 파트너나 자녀처럼 가족이라 하더라도 고집을 강요하면 훗날 화근이 될 수밖에 없다.

세간의 존경을 받는 인물이 반드시 가족에게 좋은 배우자나 이상적인 부모라고는 할 수 없다. 이들이 삐걱대는 관계에 괴로워하거나 고독한 말년을 맞이하는 일도 이러한 과오를 저지른 탓이다.

각자의 규칙과 기준은 어디까지나 그 사람의 것이다. 그래서 자립이란 자신의 규칙과 기준을 손에 넣는 의미라고 볼 수 있다. 내 고집을 강요하면 다른 사람의 자립을 침해하는 것이며, 언젠가 반발을 사거나 상대에게 상처를 줄 수 있다.

사람이라면 누구나 타인을 자신의 생각대로 조종하고 싶다는 유혹에 빠질 수 있다. 그래서 상대가 나의 의도나 기대대로 행동하지 않으면 스트레스나 분노를 느끼게 된다. 특히 고집이 센 사람은 자신이 상대방을 지배하고 있다는 자각 없이 무의식적으로 상대를 구속할 수도 있다. 처음에는 그 행동이 애정이나 배려로 보일 수 있어 상대방도 인내하고 받아들이지만, 이런 상황이 반복되어 당연시 되면 결국 인내심이 한계에 이르고 혐오와 반발, 심지어는 증오로까지 번지는 경우도 적지 않다.

상대방 입장에서 생각하는 습관

이러한 상황을 방지하려면 상대방의 입장에서 생각하는 공감력이 중요하다. 이는 상대방의 기분을 짐작하는 정신화 mentalization라 부르는 힘이다.

고집 때문에 타인과 대립하다가 관계를 망치기도 하는데, 이 또한 약한 정신화와 강한 고집을 함께 가지고 있는 경우가 많기 때문이다.

정신화는 상대의 입장에서 상황을 바라보는 습관을 기를 수 있도록 훈련해야 한다. 이는 내 생각에 갇혀 의도치 않게 타인에게 싫어하는 일을 강요해 버리는 상황을 막아준다.

내가 재밌다고 해도 상대방은 불쾌하거나 따분하다고 느낄 수도 있다. 정신화를 향상시키려면 가장 먼저 상대방의 반응을 자세히 살펴야 한다.

가령, 상대의 심리를 파악하는 일이 중요한 심리 상담사는 작은 반응을 하나도 놓치지 않기 위해 집중하며 상대방을 마주한다.

대인 관계에 어려움을 겪는 사람일수록 상대방을 제대로 관찰하려 하지 않는다. 그러다 보니 상대가 거절의 신호를 보내도 기분 상하는 이야기를 계속할 때가 있다. 이후에 어떤 일이 일어날지는 불 보듯 뻔하다.

하지만 상대방을 세심히 살핀다면, 눈살을 찌푸리거나 안색이 어두워지는 순간 곧바로 말투를 바꾸는 등 상대에 맞게 적절히 대응할 수 있어 갈등을 피할 수 있다.

규율이 먼저일까 감정이 먼저일까

규칙의 차이가 단순히 표면적 차이에 그치지 않고, 근본적인 기준까지 다르다면 공동생활에 큰 지장을 미치기도 한다.

예를 들어, 스포츠에는 정해진 규칙이 있다. 그 바탕에는 페어플레이 정신이라는 근본적인 가치가 있다. 이 정신이 공유되어야 규칙은 비로소 존중받을 수 있다.

그러나 그 토대가 되는 가치관이 다르면 상황은 쉽게 혼란에 빠지고 엉망진창되고 만다. 과거 원나라의 일본 원정을 살펴보면 알 수 있다. 당시 일본군은 전투에서 자신의 신분을 천천히 밝힌 뒤 공격하는 것이 관례였다. 그러나 원나라군은 신분을 밝히는 일본군의 장수가 무방비하게 노출된 틈을 타 활을 쏘아 가차 없이 살해해 버렸다. 일본군 입장에서 원나라군의 행동은 예의범절에 어긋나는 비겁한 행위이지만, 원나라군은 일본군의 행동은 전쟁에서 스스로 적의 표적이 되는 행등으로 여겨 어리석다고 생각했다.

그 바탕에는 적을 죽여 승리하는 실리 우선의 사고방식과 무사로서 갖추어야 할 행동과 품격을 중시하는 사고방식의 차이가 있다. 그레이존 사람들과 주변 사람들 사이에서 일어나는 다툼 역시 어딘가 이와 비슷하다.

그레이존의 사람은 규율과 숫자, 결과처럼 명확하게 나타낼 수 있는 것에 가치를 두는 반면, 기분이나 노력, 과정과 같은 기준이 모호하거나 없는 것에는 크게 관심이 없다.

법에 따른 규율이나 과학적 진실, 숫자로 표현되는 업적과 금액, 승패와 순위 같은 결과는 객관적으로 평가할 수 있다. 하지만 사람들의 생각, 열의, 사람과 사람 사이에 펼쳐지는 고뇌와 갈등, 패자가 흘린 눈물은 부차적인 산물이거나 단순한 배경에 지나지 않는다.

규율을 우선할지, 사람의 감정을 우선할 것인지에 따라 세상을 보는 방법과 행동의 규칙 모두 달라진다. 다만, 두 입장 간의 차이가 극단적이라면, 근본적인 가치관이 다르기 때문에 서로를 이해하거나 마음을 움직이는 일도, 설득할 틈도 거의 없을 때가 많다.

예시로, 상사가 일을 강요하여 힘든 고충을 친구에게 털어놓는다고 하자. 규율에 신경 쓰는 친구라면 직장 내 괴롭힘 가능성에만 신경이 쏠려 관련 상담 창구를 찾아가야 한다고 열심히 조언한다. 이 조언을 진지하게 받아들여 그대로 행동하면 보통은 상사와 관계가 틀어질 뿐 아니라 회사에서의 평판도 떨어져 끝내 퇴사할지도 모른다.

반면, 마음을 우선시하는 친구라면 먼저 '힘들었겠구나' 하고 위로한다. 자신 또한 비슷한 경험이 있다고 공감해 주고 상사의 사정이나 그런 일이 자주 있는지 묻는다. 상사의 성격이나 관계를 파악하고 상사의 심경과 회사의 사정도 헤아리면서 적당한 대응을 모색한다.

대개는 푸념을 털어놓기만 해도 쌓여있던 스트레스도 풀리고 상황을 객관적으로 이해하게 되어 화가 가라앉는다.

전자는 권리 침해와 같은 법률적인 관점에서 상황을 받아들이고 가해자와 피해자라는 대립 구조로 사태를 이해하려고 한다. 그래서 아무리 노력해도 갈등이 풀리기는커녕 상황은 심각해진다. 반대로, 후자는 감정에 주목해 불만을 토로하는 사람과 더불어 상대방, 주변 사정에도 시선을 돌려 오히려 관용적으로 사태를 받아들일 수 있게 도와주고 마음의 평안과 관계 개선을 돕는다.

심리적·사회적으로 성숙하고 공감 능력을 갖춘 사람은 이런 방식으로 자연스럽게 대처할 수 있지만, 그레이존 사람들은 대립 구조로 상황을 받아들이고 반격과 해결을 혼동하는 경우가 많다. 하지만 반격은 상황을 해결하기는커녕 오히려 갈등을 더 악화시키기 쉽다.

규율에 집착하는 사람들은 상대방이 부당한 행동을 하거나, 자신을 공격하고 있다는 등 상황을 단편적으로 받아들이는 경향이 있다. 상대의 사정을 배려하거나 기분을 이해하고 입장을 고려한다는 관점이 부족하다.

자신이 지나치게 규율에 집착한다는 사실을 깨달았다면, 사고방식이 경직되거나 편협해진 것은 아닌지 돌아볼 필요가 있다. 이런 유형의 사람일수록 규율은 언제나 하나뿐이라고 믿기 쉽겠지만 현실에서는 상황에 따라 규율을 지켜야 할 때도 있고, 오히려 유연하게 대처해야 할 때도 있기 마련이다.

상대방의 주장이 맞느냐 아니냐가 아니라 그 뒤에 있는 감정과 입장도 살펴보자. 규율에 집착하는 사람은 자신이 옳고 상대방이 틀리다는 것을 증명하기 위해 혈안이 되어 있다. 하지만 상대방은 그저 기분을 헤아려 주기만을 바랄 뿐이다.

집착과 흑백 사고에서 벗어나기

말투 하나에도 지나치게 신경 쓰는 이유

정의를 우선하는 사람은 공통점보다 차이에 정신이 팔리기 쉽다. 그래서 말투나 사소한 뉘앙스에도 과하게 집착한다.

집착이 강한 어떤 한 사람이 드물게 부엌일을 도왔을 때 그의 어머니가 "고맙다"고 했더니, "내가 평소에 도와주지 않았다고 비꼬는 거야?"라며 도리어 화를 냈다고 한다.

같은 의미라도 표현 방식이 다르다면 위화감을 느껴 자신이 그런 말을 한 적이 없다고 부정하기도 한다. 이러한 일이 반복되면 주변 사람들은 점점 입을 다물게 된다.

단어나 표현이 정확한지만 집중한 나머지 상대방이 전하고자 하는 감정에는 관심을 두지 않는다. 옳고 그름에 집착하다 보니 상대방의 기분을 등한시하고 있다는 사실을 눈치채지 못하는 것이다.

말이란 어디까지나 상징에 불과하다. 아무리 정확한 표현에 집착한다 해도 언어는 감정이나 기분 그 자체와는 다르다. 비록 서툴고 완벽한 표현이 아니더라도, 상대방이 어떤 마음으로 말했는지 그 의도를 헤아리는 것이 더 중요하다.

외국인 여성과 결혼한 지인은 부인의 언어 실력이 향상되면서 오히려 의사소통이 어려워졌다고 투덜댔다. 예전에는 언어 장벽 때문에 말의 세세한 뉘앙스까지 전달할 수 없었다. 그래서 말이 잘 통하지 않아도 신경 쓰지 않고 좋게 해석하며 대충 넘어갔다. 하지만 아내가 유창하게 말할 수 있게 되자 서로의 생각 차이를 깨닫게 되었고, 지금까지 상대방을 진심으로 이해한 것이 아니었다는 점이 드러났다.

이 문제는 외국인 커플뿐만 아니라 일반 커플에게도 해당된다. 관계가 삐걱거리기 시작하면 대화를 나눌수록 생각의 차이만 부각되고, 갈등의 골은 점점 깊어진다. 어떤 말이든 사랑으로 감싸던 시기가 지나고 감정이 메마른 표현들이 오고간다면 차이점만 계속 눈에 띄기 때문이다. 이러한 악순환을 끊어내는 방법은 단 하나뿐이다. 두 사람 중 한 명이 윤활유 역할을 하는 것이다. 가령 위화감이 느껴지는 표현을 듣더라도 이를 흘려버리고 상대방의 메시지에 귀를 기울여보자.

흑백 사고에 갇히지 않기

정답이나 정확성에 대한 집착은 그레이존 사람들이 빠지기 쉬운 이분법적 사고(흑백 사고)와 밀접한 관련이 있다. 발달과 애착에 어려움을 겪는 사람은 세상에는 흑과 백, 두 가지만 있어야 한다고 생각하지만, 현실은 그렇지 않다. 오히려 흑과 백이 섞인 회색 영역이 일반적이다.

집착과 흑백 사고에서 벗어나기

사람은 누구나 다양한 면모를 가지고 있어 사정에 따라 그때그때 다른 모습이 나오기 마련이다. 마음의 여유가 없거나 몸 상태에 좋지 않다면 평소 상냥하고 친절한 사람이라도 쌀쌀맞게 굴지도 모른다. 예전에는 열심히 이야기를 들어주었던 사람이 다음에 만났을 때는 차갑게 대할 수도 있다. 이러면 반응에 일관성이 없다고 느껴지거나 갑자기 냉담하게 구니 믿을 수 없는 사람처럼 보일지도 모른다.

줄곧 상냥하고 친절했던 사람이 딱 한 번 다른 태도를 보였을 때, 이를 어떻게 받아들일지는 개인이 지닌 멘탈라이징(상대방의 기분을 이해하는 일) 능력에 따라 크게 달라진다.

뛰어난 멘탈라이징 능력을 지닌 사람은 상대방이 스트레스와 피로, 컨디션의 문제로 여유가 없는 상태라 판단되면 자세한 대화는 다음번에 해야겠다고 생각한다.

하지만 멘탈라이징 능력이 부족하거나 여유가 없어 궁지에 몰리면, 상대방의 사정은 안중에도 없다. 자신의 일에만 집착해 상대방이 만족스러운 반응을 보이지 않으면 분노와 불신감을 느끼게 된다. 자신도 모르게 화를 내며 따지듯 말하면, 상대방도 여유를 잃고 날카롭게 대꾸해 결국 반격을 하거나 사이가 어색해질 수 있다.

오랜 시간 동안 몇십 번씩 수차례 쌓아 온 신뢰와 협력도 단 한번, 상대방의 기대에 어긋나는 반응을 보였다는 이유만으로 쉽게 무너지거나 불신과 분노가 생길 수 있다. 그로 인해 상대를 다시는 믿지 못하게 되기도 하고 때로는 관계를 끊게 되기도 한다. 지금까지 상대에게 얼마나 많은 도움을 받았는지는 그 순간 기억에서 사라져 버린다.

이러한 태도는 큰 손실이 아닐 수 없다. 이분법적 사고는 인생을 외롭고 쓸쓸하게 만든다. 세월이 흐르면 그렇지 않은 삶과의 차이가 확연히 두드러지게 된다.

상반되는 관점을 동시에 가지다

어떤 대상을 일방적으로 좋거나 나쁘다고 보는 단계와 장점과 단점을 모두 있는 그대로 받아들이는 단계 사이에는 두 가지 시점이 병존하는 단계가 있다.

물리치료사 B씨는 선배 F씨를 어려워해 최소한의 대화만 하며 지냈다. F씨는 기분보다는 정답에 집착하는 성향으로 상대의 기분과는 상관없이 잘못을 가차 없이 지적하고 논리적으로 반박하는 성향이 있었기 때문이다.

그러던 어느 날 F씨가 B에게 다가와 업무 스타일을 지적했다.

B씨는 드디어 올 것이 왔다는 생각에 처음에는 경계하며 어떻게 대답할지 열심히 생각했다. 하지만 이야기를 듣다 보니 F씨의 지적은 핵심을 정확히 짚고 있었고, 악의적이라기보다는 친절하게 가르쳐 준다는 느낌이었다. 게다가 참고하라며 자신의 책도 빌려주거나 도움이 될 만한 것을 직접 사 주기도 했다.

그때까지 B씨는 F씨를 어려운 사람이라고만 생각해 싫어했다. 하지만 자신의 생각과는 전혀 다른 면모를 발견하고 그 의외의 모습에 놀람과 동시에 혼란에 빠졌다.

흑백 사고의 경향이 강했던 B씨는 누군가를 싫어하면 그 평가에 사로잡혀 다른 장점도 있다는 생각을 하지 못했다.

B씨가 F씨의 장점을 받아들인 것 자체가 그의 흑백 사고가 약해지고 성장하고 있다는 사실의 발로였다. 과거 B씨는 누군가가 참견하면 그 주장이 아무리 이치에 맞는 말이라 하더라도 화가 나서 받아들일 생각을 하지 않았기 때문이다.

이분법적 사고를 극복하기

어떤 사람에게 단점이 있으면 장점도 있다는 사실을 인정하는 일은 성숙한 사고를 얻기 위한 첫걸음이다.

가능성이 희박하고 다툼과 문제로 점철된 인생이 아니라 타인과 마음을 공유하고 서로 도우며 새로운 가능성을 확장하는 인생을 원한다면 반드시 이분법적 사고를 극복해야 한다.

그렇다면 어떻게 극복해야 할까. 넓은 시야를 가지도록 목표를 설정해야 하지만, 그렇다고 해서 바로 이룰 수 있는 것은 아니다. 그러한 경지에 이르려면 꾸준한 수행이 필요하다.

여기서 말하는 수행이란 멘탈라이징(마음을 이해하는 일)을 단련하는 일, 즉 자신의 관점을 내려놓고 상황을 바라보는 습관을 연습하는 일이다. 최근에는 정신화 훈련을 심리 요법의 한 방법으로서도 활용한다.

상대방을 공격하거나 누군가를 비난하는 태도, 화난 어조로 말하기, 감정적인 말투 사용, 옳고 그름에 집착하기, 깔보는 자세를 보일 때, 사람은 일방적인 자기 관점에 갇히기 쉽다. 이런 상태에서는 상대방의 기분과 사정뿐만 아니라, 객관적인 상황도 눈에 들어오지 않는다.

상대방을 공격하는 듯한 행동을 취하고 있다는 사실을 깨달았을 때가 변화를 위한 기회다. 만약 중립적인 입장의 심판이 이 상황을 본다면 어떻게 판단할까. 전적으로 상대방에게만 잘못이 있을까? 내게도 책임이 있지 않을까? 상대방의 주장은 일리에 맞지 않는 말뿐일까? 누구도 어찌할 수 없는 불가항력적인 요소가 더 큰 건 아닐까? 이렇게 중립적인 시각으로 바라보는 연습이 필요하다.

집착과 흑백 사고에서 벗어나기

혹은 상대방의 입장에서 상황을 다시 돌아보는 것도 중요하다. 상대가 보인 반응과 행동을 그 사람의 입장에서 생각해 보자. 무슨 생각으로 그렇게 행동했을까. 어떤 사정이 있었던 건 아닐까?

물론, 멘탈라이징 능력이 발달하지 않았다면 시점을 바꿔 상황을 보는 일은 쉽지 않을 수 있다. 그러므로 처음에는 완벽하지 않아도 좋으니, 당시의 상황을 자신이 어떻게 받아들였는지 기억하는 것부터 시작하면 된다. 나중에 다시 되짚어 보면서 그때 상대방의 감정과 객관적인 상황을 떠올려 본다.

이러한 노력이 이어지려면 전문 상담사의 지원도 필요하다. 꾸준히 연습하다 보면 점차 새로운 사고방식이 생겨나고 지금까지와는 다른 반응이 보이게 된다. 멘탈라이징이 단련되면 상황을 점차 냉정하게 바라보고 상대방의 기분을 파악하여 이에 따른 적절한 반응을 되돌려줄 수 있게 된다.

오랜 시간 멘탈라이징을 단련하지 않았다면 이제부터라도 조금씩 다시 회복해 나가야 한다. 하루하루 매일의 삶을 수련의 과정이라 생각하고 꾸준히 노력해보자.

내 뜻과 다르게 일이 흘러갈 때

그레이존 사람들이 이성을 잃고 분노에 사로잡히거나 불쾌한 감정을 느낀다면, 대부분은 두 가지 요인 때문이다. 하나는 예상치 못한 일이나 일반적인 상식에서 벗어난 일이 발생했을 때이고, 또 하나는 자신의 뜻이나 규칙에 반하는 일이 생겼을 때다. 두 가지 모두 자신의 기대와 어긋나는 상황이다.

평소 냉정하고 침착하던 사람이 갑자기 안색이 험악해지거나 감정적으로 변하고, 큰 목소리를 내거나 충동적인 행동을 보이기도 한다. 이는 내면의 질서가 흐트러지면서 심리적 균형이 무너지고 그로 인해 분노와 혼란이 생겨난다. 여기에도 이분법적 사고가 관련되어 있다.

관대함은 사라지고 규칙을 지키거나 어기는 두 가지 선택지만 남게 된다.

생물학적 특성 때문에 상황에 따라 다루기 어려울 수도 있지만, 대부분은 개선할 수 있다. 뇌의 발달과 함께 스스로 문제를 자각하며 이를 개선하려는 의욕까지 있다면 나아질 수 있다. 다만, 중증 장애의 경우 스스로 문제를 자각하기 어려우므로 주변의 배려가 필요하다.

집착과 흑백 사고에서 벗어나기

공황을 극복하는 일곱 가지 단계

공황을 극복하는 첫 번째 단계는 문제를 일으키는 원인을 파악하고 그러한 상황을 마주하지 않도록 신경 쓰는 일이다. 이는 본인이 문제를 자각하거나 개선하려는 의지가 낮아도 적용할 수 있다. 갑작스러운 일정 변경, 예기치 않은 사건, 고립, 피로와 공복, 커다란 소리나 강한 감각 자극, 통증, 수면 부족 등이 주요 요인이다.

두 번째 단계는 보다 안전한 대체 행동과 마음을 진정시키는 대처 방법을 배우고 연습하는 일이다. 처음에는 주변에서 도움을 주어야 한다. 차가운 물 마시기, 세수하기, 화장실로 가서 진정하기, 주먹으로 허벅지를 가볍게 두드리기, 주먹 쥐기, 필요하면 약을 복용하는 등의 대처 방법을 마련해 두자.

세 번째 단계는 자신의 문제를 인식하는 일이다. 자각하기 전에는 주변 사람들의 행동이나 외부 환경이 나를 불편하게 하고, 이로 인해 고통을 겪는다고만 받아들이기 쉽다. 종국에는 그저 분노와 두려움, 불안에 휩쓸려 이성을 잃게 만든다.

그러나 멘탈라이징 능력이 향상되어 시야가 넓어지면, 내가 지나치게 민감하게 반응했거나 그렇게까지 무서워하거나 화낼 일이 아니었다는 사실을 깨닫게 된다. 발을 동동 구를 정도로 화가 머리끝까지 치솟았을 때나 불안과 공포에 휩싸였던 순간

조차도 돌아보면 스스로 과했던 것은 아닐까 하는 부끄러운 마음이 들며 자연스럽게 냉정을 되찾게 된다.

성인의 경우, 이 세 번째 단계부터 개선하려는 움직임을 보이기도 하고 혹은 첫 번째 단계와 두 번째 단계를 통해 차츰 변화를 시도하기도 한다.

네 번째 단계는 발생한 상황에 대해 상호작용을 하는 일이다. 그레이존 사람들은 큰 스트레스를 받으면 입을 다무는 등 의사소통이 단절되는데, 이것이 종종 폭력적인 행동으로 이어진다. "지금 곤란하다." "이건 싫다." 등 기분과 분노를 말로 표현할 수만 있다면 감정이 폭발할 위험은 훨씬 줄어든다.

주변 사람들은 "무슨 일이야?" "놀랐니?" "갑자기 그러면 난처해." 같이 상황을 말로 표현할 수 있도록 도와준다. 원인에 대해 이야기하거나 지금 상황이 얼마나 곤란한지, 어떻게 행동하면 좋을지, 적절한 대처법은 없는지 서로 의견을 교환한다. 이러한 상호작용은 매우 건전한 대처 행동이다. 그래서 이 단계까지 도달했다면 상당한 발전을 이룬 것이다.

다섯 번째 단계는 자신을 가장 잘 아는 사람의 표정과 반응을 떠올리거나 스스로에게 말을 거는 일이다. 나를 도와줄 사람이 당장 곁에 없을 때에도 매우 효과적인 방법이다.

자신을 지지해 주는 가족, 의사, 상담사, 사랑하는 반려동물을 머릿속에 떠올리고 그들이 지금 이 상황을 본다면 어떻게 반

집착과 흑백 사고에서 벗어나기

응할지 상상해 본다. 자신에게 무슨 말을 해줄지, 다음에 만났을 때 이 상황을 어떻게 설명할지, 어떤 반응이 돌아올지 떠올려 보는 것이다.

안심할 수 있는 존재를 떠올리기만 해도 궁지에 몰린 불안한 기분을 완화할 수 있다. 스스로에게 말을 걸어 진정시키거나 대처법을 자신에게 지시하는 일은 공황 상태를 예방하는 데 도움이 된다.

여섯 번째 단계는 자신의 상황을 객관적인 시점에서 바라보는 일이다. 마치 하늘에서 상황을 내려다보듯 관찰해 보자. 예정이 갑자기 바뀌어 공황 상태에 빠질 것 같은 상황을 자신에게 설명해 보고, 거절해도 괜찮다고 짜증이 나는 것도 당연한 반응이라며 조언해 본다. 그러면서 "이 감정은 계속 이어지지 않고 곧 사라질 거야. 그러니 괜찮아."라고 스스로에게 말을 걸며 감정을 다스려 본다.

일곱 번째 단계는 상황을 만든 사람의 입장에서 생각해 보는 일이다. 그 사람이 왜 그런 행동을 했는지를 떠올려 본다. 단순히 "나를 배려하지 않는다, 제멋대로다, 나를 곤란하게 만드는 나쁜 사람이다" 등의 생각은 일단 제쳐둔다. 상대는 나를 의도적으로 아프게 하려던 것이 아니라 그럴 수밖에 없었던 사정이 있었을 수도 있다. 만약 자신이 그대로 분노를 쏟아내면 상대방도 상처받고 괴로워하지 않을지 생각해 본다.

내가 그렇게 이상하다고?

이러한 방법은 반드시 순서를 지킬 필요 없이 자신에게 편한 단계부터 시도해 보면 된다. 이러한 대안 방법을 익혀 두면 익숙하지 않은 상황이 발생해도 동요하지 않고 침착하게 대처할 수 있게 된다.

공황 상태를 스스로 제어하기 어렵다면 약물 복용도 고려해 볼 수 있다. 정신 안정제인 리스페리돈, 기분 안정제인 발프로산나트륨, 선택적 세로토닌 재흡수 억제제인 데프로멜, 한방약인 억간산 등이 도움된다.

때로는 모든 문제가 완벽하게 해결되지 않을 수도 있지만, 그 사실에 너무 집착하거나 신경쓰지 않는 것도 중요하다. 우리는 누구나 실수할 수 있고, 때때로 감정을 조절하지 못해 자제력을 잃을 수도 있다. 완벽한 사람은 없다는 걸 기억하자.

사례 15

운전대만 잡으면 돌변하는 G씨

그레이존 사람들은 예상 밖의 일이나 자신이 세운 규칙이 어긋나는 상황에 쉽게 과잉 반응을 한다. 특히 운전 중에는 이런 상황이 자주 발생해 문제가 되기도 한다.

집착과 흑백 사고에서 벗어나기

30대 남성 G씨는 고등학교 교사로, 평소에는 온화한 성격이라 주변으로부터 신뢰받고 있다. 하지만 그의 아내는 결혼 전에는 볼 수 없었던 G씨의 모습에 그만 깜짝 놀라고 말았다. 바로 운전할 때였다. 교통 규칙을 지키지 않는 다른 차를 향해 끊임없이 고함치거나 욕을 했고 경적을 수십 초 울렸다. 상대가 잘못했다지만 혹시라도 큰 싸움이 날까 싶어 아내는 언제나 조마조마했다.

G씨는 강박적인 성향과 감각 과민 경향을 보였다. 물론 현역 교사로서 업무를 처리하는 데는 나무랄 데가 없어 장애로 보기에는 어려운 수준이다.

그러나 본인의 예상과 다르거나 뜻대로 되지 않는 상황에서는 입을 꾹 다물거나 몸이 경직되어 버렸다. 그의 아내도 심리적으로 영향을 받아 몸 상태가 안 좋아져 상담과 인지 행동 치료를 받기로 했다.

G씨와 아내의 기록을 비교하며 과거의 상황을 하나하나 자세히 떠올리게 했다. 그리고 대처 방법을 단 하나만 조언했다. 만약 곤란한 상황이 발생하면 입을 다물지 말고 어떤 말이든 좋으니 상황이나 기분을 표현하는 연습을 하도록 했다.

심리 교육도 중요한 과정이다. 대체로 여성은 큰 목소리나 공격적인 단어를 불편하게 느낄 수 있어 이를 사용하는 사람에게 생리적인 혐오감을 가지는 경우가 있다. 남편을 아끼고 존경하던 아내의 마음이 바뀌었을지도 모른다고 G씨에게도 알려주자, 그는 자신의 행동을 주의를 하며 변화하려 노력했다.

이러한 G씨의 꾸준한 노력 덕분에 문제는 확연히 줄어들었다.

패턴의 변화가 가능성을 넓히다

익숙한 행동 패턴을 유지하면 심리적으로 안정감을 느낄 수 있다. 하지만 그 패턴이 고착되면 오히려 개인의 가능성을 축소되고 만다. 같은 행동 패턴만을 선호하는 사람일수록 의식적으로 다양한 행동을 시도해 보는 노력이 필요하다. 이는 적응력을 키워줄 뿐만 아니라 개인의 역량과 인생의 기회를 한층 더 확장시켜 준다.

자폐 스펙트럼 장애가 있는 사람이나 그레이존 사람들 대부분은 어릴 때부터 편식 때문에 힘들어한 경험이 있다. 하지만 어른이 되면서 편식은 점차 사라지듯이, 먹을 수 있는 음식이 다양해지는 것은 곧 행동 유형에서도 다양하게 받아들일 수 있다는 점을 시사한다. 성장하면서 사회성과 융통성의 발달로 이어질 가능성이 높다. 다만, 어른이 되어서도 편식이 심하다면 다른 행동에서도 고집이 강하고 새로운 환경에 적응이 어려울 수 있다.

이는 식사에만 해당되는 이야기가 아니다. 행동이나 관심에 제한을 두지 않고 새로운 분야에 도전하는 것은 장기적으로 인생의 가능성을 확대하는 힘을 갖게 한다. 누군가의 강요로 싫거나 관심 없는 일을 할 때는 고통이 너무 커 성과도 기대할 수 없지만 스스로 도전하는 마음을 가지고 새로운 일에 뛰어든다면 엄청난 변화를 가져올 수도 있다.

행동이 변하면 내면도 바뀌게 된다

M씨는 경미한 발달 문제를 가진 그레이존에 속하는 30대 초반 여성이다. 예민한 성향을 지녔으며, 집 밖으로 나가는 것을 꺼려했다. 자신감이 부족해 남들의 눈치를 보며 무슨 일이든 거절하는 편이라 주뼛거리는 인상이 강했다.

어느 날, M씨는 밝은색으로 염색을 하고 나타났다. 태어나서 처음으로 해 본 염색이었다. 그때까지는 똑같은 일을 해야 안심이 되었고 새로운 일에는 강한 거부감과 불안을 느꼈다. 편의점에서 음식을 사는 일조차 그녀에게는 쉽지 않은 일이었다. 하지만 그녀는 조금씩 자신을 바꾸어 나가기로 결심했다. 염색은 변화를 향한 첫걸음이었다.

하지만, M씨가 바뀐 것은 외모만이 아니었다. 자기 생각을 확실하게 말하기도 했고 미술전을 보러 가거나 책을 읽기도 했다.

"그동안은 주목받기 싫었어요. 하지만 '내 생각은 이렇다', '나는 여기에 있다'고 말해도 괜찮을 것 같다는 생각이 들었어요."

외모의 변화는 더 주체적이고 적극적으로 살아가겠다는 의지와 연결되었다고 할 수 있다.

이분법적 사고를 개선하는 데에는 인지 행동 치료[2]와 마음챙김[8]을 추천한다. 다만, 애착 문제나 심리적 상처도 함께 가진 사람은 잘못을 지적받으면 자신이 부정당했다고 느낀다. 그래서 우울해하거나 반발심을 가지게 되어 스스로의 문제를 마주하기 어려워진다. 그러한 경우에는 변증법적 행동 치료[9]나 MBT[10], 그리고 내가 개발한 양가형 애착 개선 프로그램[11]처럼 관점의 전환을 유도하고 심리적 이해 능력에 영향을 주는 접근 방식이 필요해진다.

집착과 흑백 사고에서 벗어나기

제7장

불안과
부정적인 감정에
대처하기

불안이 사라진 사람들의 공통점

많은 사람들은 불안을 느끼는 것이 타고난 성격이나 기질 때문이라 생각하며 쉽게 바뀌지 않는다고 여긴다. 그러나 실제로는 어떤 상황에서든 불안 때문에 혼자서는 외출조차 어려워하던 사람이 점차 밖에서 활발히 활동하거나, 혼자 먼 곳까지 다녀오기도 하고, 자신의 의견을 분명하게 표현할 수 있는 사람으로 변화하기도 한다.

극심한 불안을 느끼던 상태에서 자신이 원하는 대로 하면서 살아가는 상태로 변하기까지 무슨 일이 있었던 걸까.

대부분의 경우 사건과 심경의 변화가 함께 일어난다.

불안해서 혼자 외출하는 것도 쉽지 않고 항상 과호흡을 일으키거나 몸 상태가 나빠지면 나를 지켜주는 사람에게 의존하고 만다. 스스로 무언가를 하려고 적극적으로 나서지도 않으며 수동적으로 지낸다. 또다시 몸 상태가 나빠질까 걱정만 하다가 결국 자신을 제대로 추스르지 못하는 무력함에 사로잡히게 된다.

이러한 상황에는 내가 정말로 하고 싶은 일을 포기하고 있다는 공통점이 있다. 하고 싶지 않은 일을 해야 하는 상황에 놓였지만, 그만둘 수조차 없다.

학교나 회사가 나와 맞지 않는다는 사실을 깨닫고도 그만둘 수 없는 상황이 있을 수도 있다. 확실히 자신과는 맞지 않는 파트너에게 헤어지자고 말하고 싶어도 아이와 가족, 주변의 시선을 생각하면 도저히 입이 떨어지지 않는다.

자신에게 맞지 않는 환경과 생활 방식을 계속 참고 견디다 보면 생기는 여러 불합리한 신호들은 대부분 불안 증상으로 나타나게 된다.

하기 싫다고 생각하는 일을 거부한다고 말할 수 없다. 선택한 일이 잘못되었음을 깨달았을 때 바꾸고 싶지만 그럴 수 없다. 이는 탈출이 불가능한 상황과 똑같다. 이러한 상황에 놓이면 누구든 옴짝달싹하지 못하는 것처럼 답답함을 느끼고 공기가 부족한 것처럼 숨을 헐떡이게 된다.

하고 싶은 일을 하지 못하는 구속과 답답함은 마치 생매장을 당하거나 손발이 묶인 채 깊은 바다에 던져진 것과 같은 상황이라고 할 수 있다.

불안 치료제를 복용해도 전혀 나아지지 않던 증상들이 답답한 상황에서 벗어나면 사라질 뿐 아니라 다른 사람이 된 것처럼 더 적극적으로 행동할 수도 있다.

한 청년은 하기 싫은 일을 억지로 해야 했던 것이 그 원인이었다.

또 다른 여성은 남편에게 의존하며 생활했다. 남편 없이는 아무것도 할 수 없다고 생각했지만, 알고 보니 그녀는 남편과 시댁의 지배 아래 놓여 있었다. 그래서 주체성을 가질 수도 저항할 수도 없는 상황이었다. 그것이 그녀가 느끼는 괴로움의 원인이었다. 그러나 그녀는 이혼을 결심하고 자신의 힘으로 다시 일어서기로 했다. 그러자 불안에 사로잡혔던 모습에서 벗어나 결연한 눈빛으로 앞을 바라보며 자신의 인생을 개척해 나가려는 용감한 여성으로 변신할 수 있었다.

사소한 일에도 쉽게 우울해하고
오랫동안 힘들어하는 사람

그레이존 사람들은 삶을 살아가는 데 서툴러 하고 힘들어한다. 더 나아가 지금까지 상처받으며 살아온 경험이 많기 때문에 모든 일을 부정적으로 받아들이고 쉽게 상처받을 뿐 아니라 이를 오랫동안 끌어안고 있다. 일상에서 느끼는 거부감을 줄이고 부정적인 생각에 사로잡히지 않기 위해서는 어떻게 해야 할까?

사례 17

타인과 비교하여 자신의 가치를 판단한다

N씨는 민감한 경향을 가진 여고생이다. 별것 아닌 일에도 쉽게 침울해하고 친구들의 말 한마디나 사소한 행동에도 상처받는다. 상처 받으면 좀처럼 기분이 나아지지 않고 그 일이 머릿속을 떠나지 않는다. 이를 반추Rumination라고 한다. 무언가에 쉽게 사로잡히거나 전환이 어려운 그레이존 사람들이 자주 겪는 문제다.

다른 사람에게는 당연한 일도 N씨에게는 쉽지 않은 일이었다. 다른 사람은 춤도, 그림도 잘하는데 자신은 무얼 해도 서툴고 완성도가 떨어지는 것 같았다. 그나마 낭독만큼은 자신 있었지만, 자신보다 더 잘하는 사람과 비교하자 금세 자신감을 잃고 말았다. 요즘에는 마음이 조급해져서인지 오히려 말을 더듬는 일이 늘어났다. 그러다 보니 뭐든 내 능력이 부족해서 그런 것 같다고 생각하게 되었다.

그레이존 사람들은 N씨처럼 부정적인 기분이나 생각에 만성적으로 사로잡혀 자신의 장점보다는 단점만을 보게 된다. 또한, 다른 사람보다 뒤처진다는 생각에 빠져 자신을 부정적으로 인식한다.

N씨의 이야기만 들으면 정말로 그녀가 모든 일에 서툴고 다른 사람들보다 능력이 훨씬 부족한 것처럼 보인다. 하지만 실제로 그녀는 방송부에서 부회장으로 활동한 경험도 있고 그림도 잘 그리는 등 장점이 많은 사람이었지만, 스스로에 대한 평가가 매우 박했다.

이러한 생각에 쉽게 사로잡히는 사람에게는 공통적인 특징이 있다. 바로 다른 사람이 자신을 어떻게 평가하는지에 중점을 둔다는 점과 타인과의 비교를 통해 자신의 가치를 판단한다는 점이다. 이 두 가지는 서로 연관되어 있다. 그러한 경향은 어렸을 적부터 비교당하며 자란 경험에서 생겨나는 경우가 많다.

N씨는 적극적이고 우등생이던 언니와 비교당하며 평범한 존

불안과 부정적인 감정에 대처하기

재 취급받는 일이 많았다. N씨 가 크게 부족한 것은 아니지만, 평상시 어머니가 하는 말이나 그 뉘앙스에서 자신이 언니보다 뒤처진다는 인식이 깊이 자리 잡고 말았다.

너무 오랫동안 그런 말을 들은 탓에 그 평가가 머릿속에 박혀 버렸으나, 이는 어디까지나 착각에 불과하다.

스스로에 대한 부정적인 생각에서 탈출하기

한때 여성이 남성보다 능력이 부족하다는 인식이 지배적이었던 시기가 있었다. 전문직이나 예술, 정치, 비즈니스 분야에서도 지도자는 남성만이 될 수 있다고 여겨졌다. 하지만 실제로는 여성들이 더 뛰어난 영역도 많았으며 의대를 비롯한 분야에서는 오히려 성비가 역전되는 과도 많았다. 낡은 고정관념이 남아 있는 정치계는 여전히 남성 중심 구조이지만, 이제는 여성이라서 무언가를 포기해야만 한다는 생각은 시대착오적인 발상이 되어가고 있다.

더 나아가 개인에 대한 평가는 시간이 흐르면서 어떤 형태로든 변화하기 마련이다. 오히려 중요한 것은 과거의 부정적인 평가나 낙인을 평생 짊어진 채 그것에 얽매여 살아갈 것인지에 대해 스스로 깊이 고민해보는 일이다.

우선 자신에 대한 부정적인 생각의 대부분은 타인이 별다른 생각 없이 내린 평가이므로 본래 자신의 가치나 가능성과는 다르다는 사실을 계속 상기해야 한다. 나를 소중히 여기지 않는 사람, 나의 진가를 알아보지 못하는 사람의 평가를 그대로 믿고 여기에 지배당하며 살아가지 않겠다고 스스로에게 선언하는 것이다.

N씨처럼 아직 자아가 확립되지 않은 사춘기나 청년기에는 부모의 평가에 쉽게 좌우될 수밖에 없다. 이 시기는 자립한 상태가 아니며 부모의 영향력 또한 강하기 때문이다.

그러므로 어른이 되어 자립한다는 것은 부모의 영향력과 지배로부터 자유로워진다는 뜻이기도 하다. 성인이 된 후에도 사람들의 평가에만 신경 쓰고 타인과 비교하며 침울해하기만 한다면 아직 과거의 부정적인 유산을 완전히 청산하지 못한 상태라 볼 수 있다. 자신에게 주어진 부정적인 평가에 사로잡힌 상태이니 진정한 의미의 자립을 이루려면 이러한 사고방식을 바꾸는 일이 중요하다.

다시 말해, 스스로를 옭아매는 부정적인 자기 평가에서 벗어나 있는 그대로의 자신을 긍정할 수 있게 되는 일과, 부모의 그늘에서 벗어나 본래의 자신을 확립하는 일은 같은 과정이며 동시에 해낼 수 있다.

먼저 누군가로부터 나에 대한 부정적인 평가를 들었다면, 스스로에게 질문해보자. 나는 정말 그렇게 나쁜 사람인가? 내가 그 정도 평가밖에 듣지 못하는 사람인가? 그런 평가를 한 사람은 누구인지 반문해 보자. 그리고 지금 내 생각이 혹시 그 부정적인 평가에 영향을 받은 것은 아닌지도 되짚어볼 필요가 있다.

자신에게 내린 부정적인 평가가 외부 평가에 좌우되었다는 점을 깨달았다면 그런 어리석은 생각에서 벗어나겠다며 과거의 지배와 결별하겠다는 의지를 말로 표현해 보자. 이를 계속 반복하다 보면 점차 그러한 지배에서 자유로워질 것이다.

불안 대처법 익히기

사람은 극심한 불안을 느끼면 공황 상태에 빠질 수 있다. 이때 나타나는 과호흡이나 심한 심장 두근거림, 발작 등이 무서운 이유는 단순히 불쾌해서가 아니라 그것들을 스스로 통제할 수 없다는 느낌 때문이다.

이러한 기분 나쁜 불안감은 이성을 뛰어넘는 공포로 이어지는데, 그 원인으로 미주 신경의 원시적 반응이 설명된다. 스스로 통제할 수 없다고 느낄수록 더욱 압도되고 만다.

공황 상태에 빠지지 않으려면 무엇이 필요할까? 우선 자신에게 무슨 일이 일어나고 있는지 인식하고, 동시에 그 상황을 어떻게 대처하면 좋을지 아는 것이 중요하다.

예를 들어, 처음으로 과호흡이나 가슴이 두근대는 발작이 일어나거나, 미주신경긴장증(입안에 침이 고이고 식은땀이 흐르는 등 자율신경의 이상 반응)을 경험하면, 대처는커녕 자신에게 무슨 일이 일어나고 있는지조차 파악하기 어렵다. 몸에서 일어나고 있는 이상 반응을 제어하지 못하고 이대로 잘못되는 것은 아닌가 하는 불안과 공포에 휩싸이게 된다.

이때의 강렬하고 무서웠던 기억과 더불어 같은 일이 반복될 수 있다는 불안이 남아있으면 공황장애가 발생할 수 있는 최적의 상태가 된다.

그러나 공황 발작을 극복했거나 극복하는 훈련을 꾸준히 하는 사람이라면 비슷한 상황에서도 침착하게 대처할 수 있다. 적절한 대처법을 알고 있기 때문이다. 미리 연습하며 다양한 대처 행동을 익힐수록 심리적 안정감이 올라간다.

불안과 공황 발작 대처법

그레이존 사람들은 대체로 불안과 긴장감이 높으며 공황 발작을 자주 일으켜 힘들어한다. 그러나 이에 대한 대처법을 미리 파악해 연습한다면 실제 상황에서도 침착하게 대응할 수 있고 공황장애로 발전하지 않고 증상을 완화할 수 있다. 만에 하

불안과 부정적인 감정에 대처하기

나 공황장애가 발생했다고 해도 적절한 대처 행동을 숙지했다면 비교적 수월하게 극복할 수 있다.

나는 30대 때 베트남 여행을 하던 중 베트콩(남베트남 민족해방전선)이 숨어 있었다는 터널을 체험하다가 난생처음으로 공황 발작을 겪었다.

구찌 Củ Chi 터널이라는 어둡고 긴 터널을 허리를 숙이고 지나야 했다. 3월의 쌀쌀한 날씨였던 일본에서 무더위가 38도에 육박하는 베트남에 도착한 지 하루밖에 지나지 않았고, 몸 상태도 완벽하지 않았던 덧인지 미주신경긴장증을 일으킨 듯했다. 다행히 시원한 나무 그늘 아래에서 잠시 쉬니 증상은 가라앉았지만, 이후로도 한동안 지하나 엘리베이터 같은 좁은 공간에 들어가면 숨이 막히면서 머리가 주뼛 서는 듯한 감각이 다시 떠올랐다.

그로부터 몇 년이 지나, 나는 또 한 번 위험한 경험을 했다. 이번에는 이집트 기자에 있는 쿠푸 왕의 피라미드에 들어갔을 때였다. 베트남과 마찬가지로 기온은 38도에 달했고, 심지어 피라미드 내부에 있는 긴 계단을 따라 올라가면 '왕의 방'이라 불리는 석관이 놓인 어스름한 방이 있었다. 그 방은 피라미드의 중심부에 있었으니 창문 같은 것은 당연히 없었다.

나는 계단을 오르면서도 왠지 큰일 날 것 같다는 예감이 들었지만, 여기까지 와서 되돌아갈 수도 없어 그대로 왕의 방까지

갔다. 어둠 속에서 관광객의 모습과 석관의 그림자가 희미하게 보였다. 숨통이 조여오는 듯했다. 이곳은 구찌 터널보다 더 깊숙한 곳이라, 만약 공황 발작이라도 일으킨다면 곧바로 빠져나갈 수도 없으므로 상황이 더 심각해질 것 같았다. 그래서 필사적으로 발작을 억누르려 노력했다.

나는 등에 멘 가방을 벗고 목 주위를 느슨하게 한 뒤 벽에 기댔다. 그리고 호흡을 조절하고자 코와 배에 손을 올리고, 숨을 깊게 들이마시기보다 내뱉는 것에 집중하면서 천천히 호흡했다. 몇 분 지나자 조금씩 숨쉬기 편해져 고비를 넘겼다는 안도감이 들었다.

20분 뒤, 피라미드 밖으로 나갔을 때는 완전히 평정심을 되찾았다. 게다가 스스로의 힘으로 대처했으니, 앞으로 비슷한 상황에 맞닥뜨리더라도 어떻게든 헤쳐 나갈 수 있겠다는 자신감도 가지게 되었다.

불안이나 공황이 발생했을 때는 침을 삼키는 것만으로도 간단히 대처할 수 있다. 연하(삼켜서 넘김) 운동은 무언가를 삼키면서 인두와 식도가 움직일 때 부교감 신경이 활성화하는데, 부교감 신경은 몸을 이완시키는 역할을 하므로 침을 삼키는 행위는 긴장을 완화하고 불안을 줄이는 데 도움이 된다.

긴장했을 때 침을 꿀꺽 삼키는 행위는 긴장에 대처하는 자연

불안과 부정적인 감정에 대처하기

스러운 행동이다. 그렇지만 일부 사람들은 침 삼키는 소리가 싫어하는 이유로 일부러 삼키지 않거나 휴지에 뱉기도 한다. 그러나 이는 전혀 의미 없는 행동이다.

긴장하면 교감 신경이 우위를 차지하여 침의 분비가 줄어들고 입이 마르는 경우가 많다. 이럴 때는 사탕을 물고 있으면 도움이 된다. 사탕이 침의 분비를 촉진시켜 자연스럽게 침을 삼키게 되므로 그 과정에서 부교감 신경이 활성화되며 긴장이 완화된다.

감정을 바꿀 수 없다면 행동을 바꿔보자

불안, 우울, 짜증, 분노, 상처받은 기분이나 슬픔과 같은 부정적인 감정에 사로잡히면 누구나 바로 감정을 전환하기는 어렵다. 그레이존 사람들은 강한 고집과 예민한 성향, 상처받기 쉬운 특성 때문에 감정 전환이 더욱 어렵고 불쾌한 기분이 오래 지속되기 쉽다.

불쾌한 감정을 전환할 수 있는 방법은 무엇일까.

감정을 직접 전환하기 어렵다면 행동을 변화시키는 것이 상당히 도움된다.

감정, 행동, 사고는 서로 연관되어 있다. 따라서 한 가지가 변화하면 다른 두 요소에도 영향을 끼친다. 감정의 폭풍이 불어닥칠 때, 그 폭풍을 직접 진정시키는 일은 매우 어렵지만 행동은 비교적 쉽게 바꿀 수 있다.

가령, 누군가의 잔소리나 불만을 듣고 자존심에 상처를 입어 기분이 언짢아졌다면, 생각을 바꾸려고 해도 그 감정에 사로잡혀 좀처럼 벗어나기 어렵다.

산책을 하거나 가볍게 뛰어도 보고 스트레칭을 하면 도움이 된다. 자녀나 반려동물과 놀고, 청소하면서 책상 위를 정리하거나 풀을 뽑고 텃밭을 가꾸기도 하는 등 아무 생각 없이 단순히 몸을 움직이며 무언가에 집중하는 일을 하면 기분이 전환되기도 한다.

스트레스를 주는 사람이 눈앞에 있는 것만으로도 괴로운데, 그 사람이 짜증 나게 하거나 일부러 도발하는 듯한 행동까지 한다면 감정 전환은 더욱 어려워진다.

이럴 때는 그 자리를 피해 상대방의 곁을 떠나는 일이 가장 좋은 방법이다. 화장실을 다녀온다거나 급한 용무가 생각났다며 밖으로 나가거나, 몸이 좋지 않다고 하며 침대로 피신하는 방법 등이 있다.

그러나 이런 방법조차 해보지 못하고 상대방과 어떻게든 잘 지내야만 하는 경우도 있다.

바쁜 하루를 보내 피곤한데도 파트너가 무관심하거나 자기중심적인 행동을 하면 분노가 북받치기도 한다. 그대로 상대방을 공격하는 듯한 말을 하거나 화난 태도를 보이면 자기방어와 반격하는 상대의 행동과 부딪히게 되니 당연하게도 화는 더욱 커진다. 즉, 감정에 휩쓸린 채 행동하면 기분이 전환되기는커녕 오히려 기름 붓는 결과를 낳고 만다. **기분 전환은 감정에 지배당한 행동이 아니라 그것으로부터 자유로워지는 행동을 선택하는 것이 핵심이다.**

그리고 정말로 그런 방식으로 대응할 수 있는지가 그 사람의 인간적인 매력과 도량을 보여준다. 이러한 능력은 평소의 노력을 통해 높여나갈 수가 있다.

비교적 쉽게 실천할 수 있는 대처법부터 살펴 보자. 예를 들어 "오늘 많은 일이 있어 너무 피곤하니 ○○를 해주었으면 좋겠다."고 사정을 설명하며 구체적으로 부탁한다.

사정을 설명하고 정중하게 말하는 것은 사회적 기술의 중요한 요소이다. 하지만, 그레이존 사람들은 이 부분이 미숙한 경우가 많다. 이 기술을 잘 활용하면 상대방의 반응을 변화시키고 보다 협력적인 태도를 이끌어낼 수 있다.

또한 자신이 듣고 싶은 말을 상대방에게 건네는 방법도 좋다. 이는 조금 더 어려운 기술이지만, 상대방을 먼저 위로하거나 감사의 인사를 전하거나 칭찬하는 것이 효과적이다. 상담 분야에서는 칭찬 기술이라고 한다.

"오늘 하루 어땠나요? 피곤하겠네요. 늘 고마워요."와 같은 말로 대화를 시작하면 의사소통이 훨씬 원활해진다. 그런 다음, "피곤할 텐데 정말 미안하지만 부탁이 있어요."라고 하면 상대방도 귀를 기울일 것이다. 내가 먼저 친절하게 대하면 상대방의 반응도 한층 부드럽게 변한다.

누군가가 해주길 원하는 일을 내가 먼저 솔선수범한다면 상대방도 마음을 열게 된다. 가령, 내 행동에 상대가 쌀쌀맞게 대할 수도 있지만 시간이 지나면서 점차 부드러운 태도로 변하는 경우도 있다. 심경의 변화는 한 발짝 늦게 찾아오기 때문이다. 적어도 상대방을 탓하거나 공격하는 것보다 훨씬 더 나은 결과를 얻게 될 것이다.

생각의 되새김을 멈추려면

생각이 머릿속을 빙글빙글 계속 맴돈다면 글로 정리하는 방법이 좋다. 먼저 무슨 일이 일어났는지 현재의 상황을 적어본다. 그 과정에서 자신이 받은 감정적 충격과 불쾌함을 기록하고 나아가 나름대로 분석해 본다.

분석할 때는 우선 사실과 추측을 구분하는 것이 중요하다. 많은 사람들은 사실 자체보다도 자신의 추측 때문에 괴로워한다. 그러나 추측은 어디까지나 내 머릿속에서 일어난 일에 불과할 뿐이며 스스로를 괴롭게 할 뿐이다. 그레이존 사람들은 추측과 사실을 혼동하기 쉬우므로, 이 둘을 분리하는 것만으로도 머릿속이 한결 정리될 수 있다.

나아가 문제의 원인이 누구에게 있는지, 혹은 불가항력적인 상황인지를 구분해야 한다. 만약 내 문제라면 어떻게 해결하면 좋을지 나름의 대처법을 정해 본다. 명백히 내 잘못이거나 내 실수라면 이를 알리고 사과하거나 같은 일이 반복되지 않도록 재발 방지 대책을 생각한다.

그러나, 모든 잘못을 막을 수는 없으며 일정 부분 이상은 불가항력적인 측면으로 볼 수 있다. 불가항력적인 문제는 어떻게 손을 쓸 수 없으니 이를 받아들이고 포기하는 것이 최선이다.

상대방의 문제는 내가 노력한다고 해서 바뀌지 않으므로 기본적으로 무시하거나 피해를 최소화하는 대책을 생각해야 한다. 하지만, 그레이존 사람들은 상대방의 문제를 마치 자신의 문제인 것처럼 착각하고 해결하려 고민한다. 그러므로 일단 상대방과의 경계를 확실히 구분하여 자신의 문제로 착각하지 않는 일이 중요하다. 대부분은 불필요한 관여나 참견, 과도한 간섭 때문에 상황이 더 혼란해진다. 그러한 불필요한 개입을 없애기만 해도 서로가 훨씬 편해질 수 있다.

다른 사람의 문제인 줄 알았는데 사실은 자신의 문제일 수도 있다. 앞서 추측을 사실과 혼동하기 쉬운 사람이 있다고 언급했

듯이, 이러한 사람은 누군가 자신을 괴롭힌다고 느끼지만, 사실은 그러한 추측이 스스로를 괴롭히고 있는 경우도 있다. 이때는 자신이 만들어 낸 상상의 적과 싸우며 혼자 상처받기도 하므로 이제 상상과 그만 싸우자는 결론을 글로 적어두는 것이 도움이 된다.

분석한 결과를 바탕으로 결론을 적은 뒤 마지막에 감탄 부호(!)를 붙이면 무의미한 반추를 막는 데 매우 효과적이다.

자기 긍정감을 높이는 방법

자기 부정은 부정적인 사고의 정점이다. 자기 부정을 극복하기 위해서는 주체적으로 행동하여 작은 성공과 달성을 이루고, 성취감이나 자기 긍정감을 맛보는 경험을 쌓을 필요가 있다. 나아가, 주변사람들의 평가와 감사를 받는다면 자기 부정은 점차 자기 긍정으로 변화해 간다.

이를 위해서는 첫째, 자기 의지로 행동하고 도전한다. 자기 긍정감과 연결시키기 위해서는 작은 성공과 성취라도 이뤄내야 한다. 흔히 결과보다 과정이 중요하다고 하지만, 자신감을 잃었을 때일수록 결과에 집착하게 된다. 그래서 결과가 좋지 않으면 아무리 수고했다는 위로를 들어도 자신감이 올라가지 않는다. 그러므로 처음부터 성공 가능성이 높은 일을 선택한다. 이길 가능성이 낮은 싸움은 애초에 하지 않는 것이 중요하다.

인생에 실패하는 사람일수록 이기기 어려운 싸움을 선택하는 경향이 있다. 자신의 실력과 상황을 고려하지 않고 무모하게 도전했다가 실패하고 만다. 그 결과 상처를 입고 자신감을 잃어버리는 악순환에 빠진다.

아무리 '나는 열심히 했다. 누구보다 노력했다'고 되새겨도, 실패했다는 사실 앞에서는 여지없이 무너지고 만다. 하물며 이런 일이 반복되면 끝없이 실패할 것민 같은 심경이 들고, 더 이상 잘할 자신마저 없어지게 된다.

수학 문제를 10문제 풀었는데 모두 다 틀렸다면 자신감이 사라질 뿐 아니라 수학을 풀려는 의욕 자체를 잃게 된다. 이러한 학습 방법은 중요한 결함이 있다고 할 수 있다.

되도록 7문제 정도, 적어도 절반 이상은 맞출 수 있는 수준의 문제를 고르거나, 또는 예습할 때 연습 문제를 먼저 풀고 어느 정도 이해한 다음 실전 문제를 풀어야 한다.

그러한 의미에서 보면, 복습보다 예습에 중점을 둔 학습법이 자기 긍정감을 높여주는 데 효과적이다. 예습을 하면 내용을 이해했다고 생각하게 되어 자기 평가가 긍정적으로 변하고 자신감도 향상된다. 물론, 틀린 부분은 확실하게 복습해 두어야 한다. 사람은 대개 같은 실수를 반복하기 때문이다.

일도 마찬가지다. 자기 긍정감을 높이기 위해서는 철저한 준비가 필요하다. 준비를 잘하면 좋은 성과를 낼 뿐 아니라 주변 평가도 좋아져 자기 효능감과 자신감의 회복으로 이어진다. 만약 실패했다면 확실히 복습해 보강한다. 실패한 사람일수록 제대로 준비하지 않아 실패를 반복하게 된다. 또한 주변의 잔소리에 소극적으로 변하고 대책을 세우지 못하니 같은 실수를 저지르는 일을 되풀이하게 된다.

기왕 시작했다면 성공할 때까지 계속해야 한다는 사실도 중요하다. 실패했다고 해서 그만두지 않는다. 이 점은 공부든 다른 분야의 일이든 실력을 좌우하는 중요한 요소라 볼 수 있다. 서툰 사람은 '모른다', '할 수 없다', '힘들다'고 생각하며 중도에 포기하지만, 잘하는 사람은 할 수 있을 때까지 멈추지 않는다. 이러한 끈기와 승부욕이 얼마나 강한지가 실력의 차이를 만든다.

물론 가망이 없다면 단념할 줄도 알아야 한다. 다만, 그럴 때라도 거창하지 않아도 좋으니 어떤 성공이나 성취감을 느낀 후에 그만두는 편이 중요하다. 크게 실패하거나 매우 낮은 점수를 받았다고 해서 곧바로 그만두지 않는 것이 좋다. 몰래 해답지를 봐도 좋으니 문제를 해결하는 경험이 중요하다.

훗날 성공하는 운동 선수들을 보면 자신이 이길 때까지 연습을 계속한다. 최고의 선수가 연습에서 연습 중 신참 선수들에게 졌다면 이길 때까지 연습을 멈추지 않는다. 이런 방식으로 스스

불안과 부정적인 감정에 대처하기

로의 강한 실력을 확인하게 된다.

아이가 어려워하는 과목을 가르칠 때도, 마지막에는 아이가 풀 수 있는 문제를 내주어 성취감을 맛보게 한 후 마무리한다. 만일 마지막에 너무 어려운 응용문제가 나와 손도 대보지 못한 상태에서 수업이 끝난다면 아이는 해냈다는 기분을 느낄 수 없다.

아이의 실력이 부족하다면 숫자만 바꾼 문제를 풀며 풀이 과정을 가르친 뒤 다시 도전하게 한다. 특별한 능력이 있는 아이가 아니라면 준비된 문제나 힌트를 주더라도 일단 문제를 끝까지 풀어보는 체험을 시키는 것이 중요하다.

불안이나 부정적인 감정은 일반적으로 인지 행동 치료[2]로 통제하지만, 최근에는 증상과 싸우기보다 본연의 모습을 받아들이는 역발상에 의한 심리 치료도 주목받고 있다. 모리타 요법[12]이나 마음챙김 기반 인지 치료[13]도 추천한다.

마음의 상처가 얽혀 있어 표면적으로만 불안을 제거하려 하면 오히려 개선이 어려워지기도 한다. 그럴 때는 하코미 심리 치료[14], 신체감각 알아차리기SE[15], 브레인스포팅[16], 사고장 요법 TFT[17] 등 신체 감각을 일깨우는 접근법이 도움이 된다.

불안정한 애착과 자기 부정이 강한 경우에는 변증법적 행동 치료[9]와 양가형 애착 개선 프로그램[11] 등을 활용할 수 있다.

제8장

주도적인 인생 살기

행운도 불운도 스스로 부르는 것

우리는 언제나 좋은 일만 일어나고 하는 일마다 성공하는 사람을 보면 부러워한다.

그에 비해 왜 자신에게만 유독 나쁜 일만 생기는지 낙담하거나, 무슨 일을 해도 잘되지 않고 실패한다며 조급함을 느끼기도 한다. 이럴 때 사람들은 스스로 운이 없다고 생각하여 타인의 행운을 부러워하고 자신의 불운을 탓하며 모든 것을 그저 운의 탓으로 돌리는 경우도 많다. 그러나 오랜 세월 다양한 사람들을 만나면서 알게 된 사실은, 운을 탓하는 이유 중 상당 부분은 결국 그 사람의 반응 방식이나 행동 유형에서 비롯된다는 것이다. 이러한 임상적 관찰을 뒷받침하는 연구들도 있다.

운이 나빠서 어떤 일이든 성공하지 못하고 컨디션이 저조한 것이 아니다. 가장 큰 원인은 바로 그 사람의 생각과 행동에 있다. 물론 우연적인 요인도 작용하겠지만, 나의 생각과 행동 방식 때문에 불리한 우연까지도 내 편이 되어 버린다면 천재일우의 기회를 스스로 놓쳐버리거나 헛수고로 끝나 버릴 수 있다.

반대로 말하자면, 기회는 어디에나 있고 위기에 빠지는 함정도 곳곳에 있다. 무엇에 집중하고 무엇을 인생에 끌어들일지는 그 사람이 마음가짐이나 반응 방식에 달려 있다.

그레이존 사람들은 특성 때문에 강점과 약점의 차이가 크다. 강점을 살려 생활할지 아니면 그 반대가 될지에 따라 인생의 방향이 크게 바뀐다.

실패하는 사람이나 방황하는 사람은 일부러 어려움이나 번거로운 일을 끌어들이는 행동을 한다. 굳이 자신의 손으로 인생을 혼란에 빠뜨리고 가능성을 제한하며 스스로의 평가를 낮추고 손해 보는 선택을 반복한다. 하지만 이러한 사람들도 자신의 실패 유형을 깨닫고 생각과 행동을 바꾸면 인생이 좋은 방향으로 풀릴 수 있다.

나의 실패 유형 깨닫기

반복적인 버릇, 상동 행동(같은 패턴의 운동이나 동작을 반복하는 것)이나 특정 행동에 대한 고집은 누구나 쉽게 알아차릴 수 있다. 하지만 몇 년이나 되는 긴 주기 동안에 보이는 행동 패턴은 쉽게 알아차리기 어렵다. 몇 번 정도 같은 실패를 겪고 난 다음에야 겨우 깨닫기도 한다.

비슷한 유형의 상대만 사귀기도 하고, 사업이나 경쟁에서 일시적으로는 성공하더라도 결국은 큰 손해를 본다. 또한, 처음 입사할 때는 사장의 눈에도 들고 실적도 꾸준히 오르다가, 어느 시점부터는 점차 상황이 나빠져 종국에는 퇴사하고 만다.

이러한 일들이 반복되는 이유는 무엇일까. 우선, 이들은 무슨 일이든 처음에는 신중하고 침착하게 대응한다. 조금이라도 불안한 점이 있으면 최선책을 찾기 위해 머리를 맞대거나 다른 사람에게 상담하는 등 세세한 부분까지 깊이 고민하면서 진행한다. 그러나 점차 대응이 무너지며 위험을 무릅쓰고 진행하다가 신경 쓰지 못하게 되고, 결국 크게 실패하는 상황이 되풀이되고 만다.

이러한 유형은 ADHD를 가졌거나 비슷한 특성을 가진 사람에게 자주 관찰된다. 이들은 처음 접하는 과제를 해결할 때는 의외로 실수가 적고 능숙하게 처리한다. 하지만 같은 일을 계속할수록 실수가 늘어나기 시작한다. 일반적으로는 학습 효과 덕분에 익숙해질수록 실수가 줄어들어야 하지만, 이들은 반복적인 단조로움에 지루함을 느껴 주의가 산만해진다.

이러한 문제를 해결하기 위해서는 오랜 시간이 걸리는 일은 피해야 한다. 특정 작업 시간을 짧게 잡아 여럿으로 나누고, 그 성과를 가시화해 게임이나 경쟁하듯 진행한다. 또는 업무 순서를 바꾸거나 중간에 몸을 움직이는 작업을 배치하면 효율을 높이는 데 도움이 된다.

반대로 강박성이 강한 자폐 스펙트럼 장애의 사람은 새로운 일을 시작할 때 지나치게 신중해 시간이 오래 걸린다. 그러나, 익숙해질수록 점차 속도가 빨라지고 일이 손에 익어도 대충하지 않으며 일정한 결과를 유지하는 경우도 많다. 이러한 부분이 강점이라고 할 수 있다.

새로운 자극을 좋아하는 사람은 익숙해질 무렵 실수를 저지르기 쉽다. 하지만 반복적인 일을 좋아하는 사람은 처음에는 시간이 다소 걸릴 수 있지만 일단 한 번 제대로 배우면 꾸준한 성장을 기대할 수 있는 데다가 업무 수행에서도 일정한 수준을 안정적으로 유지할 가능성이 크다.

자신의 실패 유형을 얼마나 빨리 알아차리느냐는 스스로를 객관화하는 능력과 관련이 있다. 이 능력이 부족한 사람은 기록하거나 일기를 쓰는 습관을 들여 자신의 행동과 상황을 객관적으로 바라보는 훈련을 하고, 동시에 정기적으로 상담이나 지도를 받아 자신의 상태를 점검하며 주의해야 할 부분을 확인하면 그 효과는 더욱 커진다. 이때 가까운 가족이나 친구가 냉정하게 상황을 짚어 주거나 설명해 주는 코치 역할을 한다면 그레이존 사람들에게는 큰 힘이 될 수 있다.

앞서 이야기한 융은 이러한 환경이 잘 갖추어진 사람이었다. 그의 아내 엠마는 냉정하면서도 기품 있는 총명한 여성이었다. 남편에게 부족한 사교술과 관리 능력이 탁월했고 융의 연구에도 깊은 관심을 보였다. 남편의 훌륭한 상담 상대였던 엠마는 그 능력을 살려 심리 치료사로서도 크게 활약했다.

감정 기복 심하다면 집착을 다스려라

어떠한 일에 확신이 생기면 망설임 없이 돌진하는 집착 기질을 지닌 사람들은 샐러리맨, 경영인, 연구자 등 다양한 분야에서 볼 수 있다. 이들은 주변에서 조금 과장되었다고 지적하는 목표를 남다른 노력과 실천력으로 이뤄내는 경우도 많다. 강한 확신과 타협을 모르는 집착을 원동력 삼아, 자신의 이상을 실현하기 위해 돌진한다.

끝까지 밀어붙이는 집착 기질을 가진 사람들은 감정 기복이 심하다. 그래서 이러한 성향은 조울증의 대표적인 전조증상으로도 알려져 있다. 무언가를 향해 앞뒤 가리지 않고 달려들다가 지나친 행동으로 실수하거나 주변의 빈축을 사고, 이를 수습하는 과정에서 사면초가에 빠져 낙담하는 상황이 자주 반복된다. 그러한 역경을 뿌리치고 새롭게 다시 도약하려는 움직임이 되풀이되면서 감정의 기복이 생기는 것이다.

소중한 활력과 노력을 헛수고로 돌리지 않으려면 기분이 좋아질 때일수록 신중함을 잃지 말고 기세에 휩쓸리지 말아야 한다. 이런 태도가 안정된 성공을 손에 넣을지, 아니면 기복이 심한 인생을 살게 될지를 결정짓는다. 기분이 좋을수록 지나친 행동을 경계한다면 좋은 기분도 더 오래 지속될 것이다.

사례 18

정의감이 강해 갈등을 겪는 40대 남성

40대 남성 U씨는 법학부를 졸업한 후 공무원이 되었다. 30대 초반까지는 업무에 매진하며 상사의 도움을 받으면서 순조롭게 출세 가도를 걷고 있었다. 그러나 그는 정의감이 지나치게 강해 공무원 사회 특유의 무사안일주의나 겉과 속이 다른 모습에 반발하거나 마찰을 빚기도 했다. 그때까지는 직급이 낮아 영향력이 크지 않았기에 주변에서는 열정이 넘친다며 그를 너그러이 봐주었다.

그러나, 30대 후반이 되어 진급도 하고 중요한 자리에서 발언할 기회가 늘어나자, 분위기를 파악하지 못한 채 정론을 앞세워 자신의 생각을 주장하는 U씨의 태도가 점점 성가시다고 여겨져 대립을 낳기 시작했다.

그러다 U씨는 돌연 엉뚱한 부서로 발령을 받았다. 명백한 좌천이었다. U씨는 화가 났지만, 사이가 좋았던 동료들조차 "그동안 너무했다."며 차갑게 등을 돌렸다. 출근이 너무 괴로워진 그는 첫 번째 휴직을 했다. 복직한 후 간신히 다시 일다운 일을 하게 되었지만, 다시 마찰이 늘어났고 상사의 미움을 받게 되면서 출근하기 싫어지는 일이 반복되었다.

U씨는 40대 후반이 되고 나서야 자신의 패턴을 자각하기 시작했다.

마침 신종 코로나바이러스가 유행하면서 그는 지원 업무에 차출되었다. 이때 U씨의 헌신적인 업무 태도는 다른 부서에서 높게 평가받았다. U씨의 고지식함은 항상 나쁜 것만은 아니었고, 강점으로 살릴 수 있는 경우도 있었다. 그러한 사실은 U씨에게 구원과 다름없었다.

이 일을 계기로 U씨는 가슴속에 맺혀 있던 울분과 응어리가 조금씩 해소되어 갔다. 또한 그는 예전보다 상대방을 억지로 바꾸려 하지 않게 된 것 같다고 이야기했다. 상대방을 어떻게든 변화시키려고 부딪히기보다 자신이 할 수 있는 일을 하겠다는 경지에 다다른 듯했다.

강점을 발휘할 수 있는 환경

그레이존 사람들은 그 특성 때문에 주변과 잘 어울리지 못해 엇나가거나 고립을 초래하기 쉽다. 뿐만 아니라 자신의 강점이나 신념을 살리기는커녕 부정당하는 상황에 놓이는 경우가 많아 더욱 힘들게 한다.

능력의 장단점이 뚜렷하고, 강점과 약점의 차이가 큰 만큼, 그 사람이 주변 환경과 잘 맞는지가 일반적인 경우보다 훨씬 중요한 영향을 미친다. 불편한 환경에 놓이게 되면 대응 장애나 심신증이 일어날 위험도 커진다.

주의력 결핍 과잉행동 장애의 특징을 가진 남성

경찰 기관에서 근무하는 W씨는 주의력 결핍 과잉행동 장애의 특징을 가졌다. 그는 어느 날 지문 감식 부서로 이동하게 되었다. 사건 현장에서 채취된 지문은 일부만 남아 있기 때문에, 부족한 부분은 수작업으로 보완한 다음 컴퓨터로 조회해야 한다. W씨에게는 채취되지 않은 부분을 보완하는 이 작업이 무척 어려웠다. 상사는 마치 어이없다는 듯 항상 떨떠름한 표정을 지으며 W씨에게 전혀 나아지질 않는다며 말했다.

특수한 업무 중 하나라고는 했지만, 그것은 자기에게 부여된 일이었다. 아무리 노력해도 남들을 따라잡지 못한다는 사실을 매일 마주하는 일은 점차 W씨의 마음을 좀먹어 갔다. 그는 자신에 대한 신뢰와 자신감을 모두 잃어버렸고, 결국 스스로를 무능력한 사람이라고 생각하게 되었다.

그러나, 그는 자신의 특성과 업무가 맞지 않음을 회사에 알렸다. 새로 배치된 부서는 그야말로 그에게 딱 맞는 곳이었다. W씨는 마치 다른 사람이 된 것처럼 능력을 발휘하며 날아다녔다. 얼굴에는 미소와 자신감이 넘쳤고, 매일 출근하는 일이 즐거워졌다고 한다.

자신의 성향을 깨닫고 공인회계사가 되다

그레이존 사람들이 행복하게 살려면 자신의 성향에 맞는 환경을 고르는 일이 중요하다. 그것이 개인의 생활 방식과 연관되어 있다면 더욱 그렇다.

국세청에서 근무하는 O씨는 자신의 업무에 자부심을 가지고 있었다. 부정을 저질러 사리사욕을 채우는 사람들을 적발하고 정의를 집행하는 일이야말로 세상은 공정해야 한다고 믿는 O씨의 신념을 실현시키는 것이라고 생각했다.

그러나 새로운 상사가 온 뒤부터는 자신의 일에 의문을 가지게 됐다. 새로 온 상사는 직장 내 괴롭힘의 전형적인 가해자였다. 시종일관 고함을 질러댔고, 자신의 출세만을 위해 O씨가 가진 신념에 반하는 일을 서슴지 않고 강요했다. 이러한 모습을 보며 O씨는 도저히 같이 일할 수 없다고 느꼈다.

그럼에도 불구하고 O씨는 꾹 참고 견디며 일을 했다. 그러던 어느 날, 출근하려는데 발걸음이 떨어지지 않았다. 그저 눈물만 계속 나왔다. 더는 안 되겠다고 생각한 O씨는 결국 퇴사를 결심했다.

세무사 사무실로 이직해 새로운 인생을 시작했지만 O씨는 다시금 마음이 울적해졌다.

지금까지는 스스로를 정의의 파수꾼이라 생각하며 일해 왔는데, 새로운 회사에서는 국세청과 입장이 전혀 달랐다. 고객들은 법망을 교묘하게 피해 최대한 세금을 덜 낼 수 있도록 요구했고 O씨는 생계를 위해 내키지 않아도 계속 응해야만 했다. 그런 하루하루가 더욱 괴로워졌다.

정말 O씨가 하고 싶은 일은 무엇일까. 실현 가능성을 따지기 전에 어떻게 하면 자신의 신념을 지키며 살 수 있을까를 생각하던 중, O씨는 어렵더라도 공인회계사가 되고 싶다고 말했다. 기업의 회계를 감사하는 공인회계사는 정의감이 충만한 그에게 딱 맞는 직업이었다.

그로부터 약 2년 후, O씨는 공인회계사 시험에 합격했다. 자신의 생각을 말로 표현하는 일은 삶의 방향을 분명히 하고, 앞으로 움직이게 하는 역사적인 첫걸음이 되어주기도 한다.

새로움을 추구하는 사람은 자극 중독을 경계해라

자폐 스펙트럼 장애의 특성을 가진 사람은 익숙한 행동 유형에 집착하기 쉽고 변화에 저항한다. 하지만 주의력 결핍 과잉행동 장애의 특성을 가진 사람은 새로움을 추구하는 것에 대한 탐

구와 감각 자극을 원한다. 이들은 새로운 자극에 계속 눈을 돌리기 쉽고, 예정에 없던 일에 손을 대거나 본래 하던 일에서 벗어나 다른 것에 열중하기 쉽고, 또 금방 싫증을 내며 다른 일에 손을 대는 등 변덕스럽거나 일관성이 결여된 경우가 많다.

이들은 다른 사람들을 활발히 만나고 새로운 정보를 누구보다도 빠르게 찾아내는 뛰어난 능력이 있다. 하지만 갑자기 방침을 변경하거나 관심사가 바뀌기 때문에 공부든 일이든 하나의 일만 꾸준히, 그리고 끝까지 파고들지 못하고 샛길로 빠지기 쉽다.

새로운 일에 도전하는 것이 활로를 열기도 하지만, 계획이나 충분한 조사 없이 충동적으로 뛰어든다면 손을 댈 때마다 실패를 반복하게 된다.

또한 가능성과 관계없이 새로운 투자와 도박을 반복하기도 한다. 이는 어떻게 보면 자극 중독과 다를 바 없다. 실패 위험을 감수하는 것 자체가 목적이 되어버리므로, 실패하지 않기가 더 어렵다.

어느 정도까지는 문제가 없더라도 판돈이 커졌을 때 큰 실패를 하면 모든 걸 잃어버릴 수 있다. 그러므로 도박을 더이상 못할 정도로 크게 실패하지 않는 한, 본인의 의지로 멈출 수 없게 되는 것이다.

이러한 비참한 운명을 피하기 위해서는 평소에 자극을 좇는 행동을 통제하는 능력을 길러야 한다. 순탄하게 진행될 때일수록 흥분해서 또 다른 실패를 초래할 수 있으니, 불필요한 일에는 관심을 갖지 않도록 마음을 다잡아야 할 것이다.

이 유형의 사람들은 빠르게 결정을 내려야 기회를 잡을 수 있다고 생각한다. 하지만 그러한 생각이야말로 큰 실패의 주요 원인이 된다. 결단을 내려 행동하는 시간이 짧으므로 실패할 확률이 커지고 판단할 때 치명적인 실수도 자주 한다.

결단을 내리거나 행동하기 전에는 긍정적인 정보뿐 아니라 부정적인 정보도 철저히 조사하고 알아보아야 한다. 초조하게 서두르지 않아도 기회는 얼마든지 있고, 큰 기회일수록 천천히 다가오므로 조급하게 판단할 필요가 없다.

빠르게 결정을 내리도록 강요받는 듯하다면 오히려 더욱 의심해야 한다. 천천히 생각하다 보면 치명적인 결점을 알아차리기 때문에 상대방은 대부분 급히 결정을 요구하게 된다. 목적지를 알 수 없는 기차에 몸을 싣는 것보다는 타지 않겠다고 결단을 내리는 편이 현명하다.

이러한 유형의 사람이 확실한 성공을 거두려면 내기에만 몰두하지 말고 잠깐 멈추거나 쉬어가는 시간도 가져야 한다. 계속해서 내기하다 보면 위험을 감지하는 감각이 무뎌져 본인도 모르는 새에 위험한 도박에 빠질 수 있기 때문이다.

모든 일에는 흐름이 있고, 우여곡절이 있기 마련이다. 항상 좋은 흐름이 계속되지는 않는다. 그러므로 이런 유형의 사람은 무언가를 계속하기보다는 상황을 살펴보거나 그만둘 타이밍을 인지하는 편이 오히려 중요하다.

반대로 나쁜 흐름이 계속 이어져도 절망할 필요는 없다. '쥐구멍에도 볕들 날 있다'는 말처럼 그럴 때는 버둥거리지 말고 차분히 기다리면 어느 시점을 계기로 흐름의 방향이 바뀌게 된다.

성공의 리듬을 유지하라

프로 야구 선수에게는 컨디션의 기복이라는 것이 존재한다. 이는 평소대로 운동하더라도 폼이 조금씩 무너지기 때문이다. 안정적인 타율을 기록한 타자는 타율이 좋았을 때를 최대한 유지하려고 노력한다. 그래서 기본적으로는 컨디션이 좋았을 때 했던 행동을 계속하려고 한다.

그러므로 문제가 생기기 시작했다면 일단은 가장 좋았던 상태로 돌아가려 해 본다. 문제없이 잘하고 있던 일도 괜히 새로운 변화를 주거나, 혹은 문제가 생겼을 때는 기존 방법으로 되돌아가면 그만인 것을 무리해서 변화를 시도했다가는 방향을 잃고 수렁에 빠지기 쉽다.

의료 행위든 영업, 회사 경영이든 마찬가지다. 순조롭게 진행 중인 일에 불필요한 변화를 주지 않고, 문제가 있을 때는 멈

취서 원점으로 돌아가는 원리를 적용할 수 있다. 그러나 감각이 없는 사람일수록 제대로 진행 중인 일에 손을 대어 망가뜨리거나, 원점으로 되돌아가기는커녕 더 멀리 가버려 상황을 더 악화시킨다.

지금의 삶이 순탄하다고 느끼는 사람은 그 행운을 소중히 여겨야 한다. 행운은 영원하지 않다. 무엇이 행운을 가져다주었는지 생각해보고 함부로 바꾸지 말아야 한다.

노력이 성공의 원동력이라고 한다면, 역시 노력을 게을리하지 말아야 한다. 사람을 소중히 여기는 일이 성공을 불러왔다면, 성공한 후에도 태도를 바꾸지 않고 더욱 소중히 여겨야 한다.

만약 지금 하는 일이 잘 풀리지 않아 초조하다면, 상황이 좋았던 시절을 떠올려 본다. 그때는 어떤 식으로 생각하고 무엇을 소중히 여기며 살았는지, 지금과 무엇이 달라졌는지, 어떤 일에 매달려 있었는지, 무엇이 재미있었는지 떠올려 본다.

성공했던 때로 생각이나 기분을 되돌리는 것은 쉽지 않지만, 행동은 비교적 쉽게 바꿀 수 있다. 당시 열심히 하던 일이나 즐겼던 일을 떠올려 보자.

과거에 지금보다 운동이나 스포츠를 자주 즐겼던 사람이라면 최근 운동 부족이 컨디션 악화나 의욕을 잃게 되는 요인일지 모른다. 평소 운동을 좋아했던 사람이 운동량이 줄어들면 몸 상태뿐 아니라 정신적으로도 무기력해지기 쉽다. 비싼 차도 일정 속도를 내지 않으면 그 성능을 뽐낼 수 없는 것처럼 말이다.

목표를 가지고 바쁘게 지냈던 때가 힘들었지만 빛났다고 느끼는 사람도 있다. 스트레스와 책임은 부정적인 측면만 강조된다. 하지만 어느 정도는 가지고 있어야 삶의 보람과 행복감을 높이고, 나아가 수명에도 긍정적인 영향을 미친다. 소중한 무언가에게 도움을 준다고 느끼는 일만큼 삶의 보람을 느끼는 것도 없다.

약간의 구속은 자유와 해방감을 깨닫게 해주기도 하지만 지나친 속박이나 자신의 의사와 상관없는 강제는 오히려 나쁜 결과를 낳는다. 자유가 제한된 상황을 참으면서까지 이루고자 하는 목표를 만났다면 거기에는 분명 그만한 중요한 가치가 숨겨져 있을 것이다.

즐거움과 보람을 느꼈을 과거를 되돌아보자. 나는 무엇을 소중히 여겼고, 무엇에 충실감을 느꼈는지 떠올려 보면 좋다.

그 속에 지금 나아갈 방향과 목표를 찾을 수 있는 힌트가 숨겨져 있을지 모른다.

모든 것이 잘 풀릴수록 마음을 다잡기

순탄하게 진행될수록 자신의 실패 유형을 자주 돌아봐야 한다. 문제가 없을 때가 다음에 찾아올 실패를 준비해야 하는 때이다. 이런 상황에서 사람의 마음은 해이해지고 중요한 일도 적당히 넘기기 쉽다. 그러므로 어디서 실패했는지를 확실히 파악하고 자만하지 않도록 경계하며 다가올 위험에 대비해야 한다.

특히 주의력 결핍 과잉행동 장애의 특징을 가진 사람은 문제가 없을 때, 일을 계속 확장시키려고 하거나 더 큰 승부에 나서려고 하는 경향이 있다.

승부에서 계속 이기기만 하는 사람은 없다. 크게 이기고 작게 지느냐, 작게 이기고 크게 지느냐에 따라 인생의 득실이 결정된다. 큰 승리를 거둬 억만장자가 되었어도 더 큰 승부에서 자게 된다면 빈털터리가 되는 것은 시간문제다.

이러한 관점에서 보면, 고집스럽고 위험보다 현실 유지를 선호하는 유형은 큰 실패의 위험을 피할 수 있어 안정적으로 생활하는 데 적합하다.

인생의 흐름에 휩쓸리지 않고 이를 제대로 활용하려면 제삼자의 시선으로 자신의 상태와 상황을 객관화할 줄 알아야 한다. 신뢰할 수 있는 상담사에게 지도자 역할을 부탁해 정기적으로 자신을 다시 볼 수 있는 시간을 가지면 좋다.

그리고 일기나 일상을 기록하거나, 명상이나 마음챙김[8] 같은 활동으로 잡념을 떨치고 잡음을 차단하는 시간을 갖는 활동도 중요하다. 기분 변화 때문에 실패를 반복하거나 우울함이 심각하다면 탄산리튬, 발프로산나트륨 같은 신경 안정제를 이용한 치료를 받는 편이 좋다.

제9장

나 자신과
연결되기

사람은 그리는 미래에 따라 변한다

운전면허 학원에 다닐 때, 강사가 이런 말을 했다. "차는 운전자의 시선이 향하는 방향으로 나아가려고 한다. 옆이 신경 쓰여바라보면 차는 그쪽으로 움직인다. 나도 모르는 새에 핸들을 그방향으로 꺾기 때문이다. 그래서 나아가고자 하는 방향으로 확실하게 시선을 두어야 한다"고 알려주었다. 나는 그 말에 깊은감명을 받았다.

이 말은 인생의 태도와 생활 방식에도 꼭 들어맞는 말이다.사람은 어느새 자신이 나아가고자 하는 방향을 향해 걷게 된다.

곁눈질만 하고 있으면 인생은 샛길로 빠지기 쉽고 예상치 못한 사고를 당할 수도 있다. 운전 실력과 상관없이 올바른 방향으로 나아가기 위해서는 자신이 어디로 가고 싶은지, 가려는 곳은 어딘지를 명확히 정하고 그 방향만 확실하게 바라보는 일이 중요하다.

운전 실력이 아무리 뛰어나도 곁눈질만 계속한다면 사고 위험은 커진다. 애초에 목적지를 모른다면 아무리 핸들을 능숙하게 조작한들 결국 길을 잃고 헤맬 뿐이다.

운전 실력이나 차의 성능 같은 요소는 개인의 발달 특성과 같다고 할 수 있지만, 목적지에 제대로 도달할지는 그보다 더 중요한 다른 요소가 작용한다.

내가 가고자 하는 방향을 명확하게 알아야 하고, 실력을 과신하기보다는 위험을 신경 쓰면서 확실하게 전방을 보고 운전하는 태도가 중요하다. 운전이 미숙하다는 사실을 염두에 두고 안전 운전한다면 훨씬 더 좋은 결과를 얻을 수 있다.

그러니 그레이존 사람들은 자신의 특성 때문에 한탄할 필요가 없다. 그보다는 이를 자각하고 결점을 보완하는 대처법을 생각하며 삶을 어느 방향으로 나아갈지 재검토한다면 더 나은 삶을 살 수 있을 것이다.

인생은 어디를 향해 나아가려 하는지, 즉 그 사람이 꿈꾸는 미래가 무엇인지에 따라 완전히 뒤바뀌게 된다.

발달이나 애착에서 어려움을 겪고 있고, 상처받는 일도 많은 그레이존 사람들은 아무래도 소극적이 되거나 무책임해지기 쉽다.

앞을 똑바로 바라보는 일을 꺼리듯 고개를 숙이거나 사람의 시선을 피하기도 한다. 자신의 인생인데도 어차피 안 된다거나 스스로 제대로 하는 일이 없다며 도전을 포기하고 움츠러들기도 한다.

이러한 태도는 무의식적으로 실패를 예상하고 있기 때문이다. 이들은 보다 비관적인 예상에 사로잡히기 쉽다. 그래서 인생에 대해서도 겁을 먹고 자신 없는 태도를 취하거나 도전하기 전에 미리 포기해 버린다.

그레이존 사람들이 겪는 가장 큰 딜레마

사람은 '본래의 자신'이 되려는 욕구와 양육자, 교사의 기대에 부응하는 '적응하기 위한 나(맞춰진 나)'로 있으려는 의무감 사이에서 근본적인 갈등을 안고 있다. '적응하기 위한 나'는 양육자나 교사에게 인정받기 위해 주변의 기준에 사로잡히는 면이 있다. 하지만 '본래의 자신'이 되려면 양육자, 교사의 지배로부터 자립한 자신을 손에 넣어야 한다.

양육자와 교사는 도움을 요청받으면 지원을 해주되, 본래 가

나 자신과 연결되기

진 성장과 자립을 방해하지 않도록 지나친 간섭을 피해야 한다. 상대가 원하지 않을 때는 참견하지 않아야 한다. 이것이 안전기 지가 되기 위해 필요한 응답성의 원리다.

그러나 학대와 과보호, 과도한 간섭에 의한 지배가 일어나는 경우, 이 응답성의 원리가 훼손된다.

경미한 발달 문제가 있으면 아무래도 주변 사람들이 필요 이 상으로 참견하게 된다. 이런 개입은 오히려 본인이 필요할 때만 도움을 요청하고, 진정한 성장을 이루며 자립해 나가는 과정을 방해할 수 있다.

주변 사람들이 과도한 보호·간섭을 하거나 또는 타인이 뜻대 로 움직여 주지 않아 그대로 외면할 가능성이 크다. 여기에는 단순히 기준에 대한 균형의 문제가 아니라 훨씬 근본적인 문제 가 얽혀있다. 바로 아이의 감정과 본연의 가능성을 눈여겨보는 지, 부모나 교사의 기대와 기준에만 사로잡혀 있는지의 차이다.

일단, 부모나 교사가 기대와 기준에서 떨어져 아이의 기분을 살펴보아야 한다. 아이들이 '본연의 나'로 성장하기 위해 무엇 이 필요한지를 생각해 보면 접근법은 자연스럽게 달라진다. 즉, 주변에 의지하는 측면과 주체적으로 의사결정을 내리고 행동을 하는 측면을 함께 키울 수 있도록 도와준다.

균형 잡힌 부모 – 자녀 관계의 특징

학대와 지배를 받는 아이(혹은 어른이 된 다음에도)는 자기 본연의 모습을 잘 드러내지 않는다. 자신의 속마음을 말하거나 자신의 본모습을 보여주면 상대방이 실망하거나 화를 내며 나를 단념해 버릴지도 모른다는 생각을 안고 있기 때문이다. 그렇게 되면 겉으로만 상대방에게 맞추게 된다. 또는 반대로 공격적인 태도를 취해 자신을 보호하려고 하는데, 이는 스스로를 지키려는 태도가 오히려 지나친 적대감으로 드러나게 된다.

'본래의 나'와 '남에게 맞추는 나(또는 버티는 나)' 사이의 균형이 무너져 괴리가 일어나기 쉽다. 본심이 아닌 (좋은 아이든 나쁜 아이든) 꾸며낸 나를 연기하고 있다는 감각과 나 자신과 이어져 있지 않다는 생각을 가지게 된다. 이러한 감각들이 자신과 타인을 향한 불신과 부정적 감정으로 이어진다.

애착이 안정적인 (즉, 안전기지가 있는 경우) 아이는 양육 환경이 다소 불안정하더라도 자신의 모습을 드러낼 수 있다. 부모가 불필요하게 잔소리를 하더라도 의사를 표현할 수 있다. 부모도 자녀의 기분을 존중하므로 더는 하기 싫어하는 일을 강요하거나 밀어붙이지 않는다.

부모가 잔소리를 멈추면, 아이는 필요한 순간에 부모에게 어리광을 부리거나 도움을 요청하며 적당한 균형을 맞춰가는 것이다.

나 자신과 연결되기

균형 잡힌 애착 관계는 이처럼 서로 의사를 표현하면서 선을 넘는 행위를 적절히 바로잡을 수 있는 관계다. 처음부터 아무런 문제가 없다는 의미가 아니다. 싫으면 싫다고 말할 수 있는 것, 그렇게 말했을 때 그 이상은 아무 행동도 하지 않는 것, 이러한 기본적인 규칙이 자연스럽게 지켜지기 때문에 나의 안전과 주체성을 유지할 수 있는 관계라는 뜻이다.

이러한 대응의 차이가 쌓이면 결국 자기 자신과의 연결성이 결정되고 인생을 완전히 바꿀 수도 있다.

특성을 뛰어넘어 삶을 움직이는 힘

특성 그 자체를 바꿀 가능성이 있는 인지 훈련은 매력적인 영역으로, 특히 아이들에게는 효과가 매우 뛰어나다. 하지만 성인의 경우 훈련을 통한 개선 효과를 기대하기는 어려운 경우가 많다.

예를 들어, 억제 조절을 향상시키는 과제를 통해 행동의 충동성을 조절하는 훈련을 받아도 큰 효과가 없는 것이 현실이다. 주의력 결핍 과잉행동 장애의 다동이나 충동성의 개선, 음주나 과식 조절을 위해 이러한 훈련을 도입하려는 시도가 몇 번이나 있었지만, 의미 있는 성과는 아직 보고되지 않았다. 앞으로 보다 효과적인 훈련법이 개발된다면 상황의 돌파구가 마련될 수도 있겠지만, 지금으로서는 큰 기대를 걸기 어렵다.

그렇다고 해서 개선되지 않는 것은 아니다. 손끝 감각 훈련이 뇌의 특성 변화에 엄청난 도움이 되지는 않겠지만, 더 큰 틀이나 태도를 바꿔 훈련한다면 사람의 생활 방식이 바뀌기도 한다.

인생의 방향은 뇌의 특성을 뛰어넘는 무언가가 결정짓는다. 이 요소는 개인의 특성보다 훨씬 중요하고 결정적인 역할을 담당한다. 특성이라는 제약을 뛰어넘어 사람과 그 사람의 인생을 지배하고 움직이는 것은 무엇일까.

그것이 바로 내가 나아가려는 방향, 그리고 나와의 연결성이라 할 수 있다.

개과천선이나 재기라고 부르는 현상

방향성이 없고 제멋대로이며 끈기가 없는 생활을 보내던 사람과 포기가 빠르고 자기 파괴적인 생활을 하던 사람이 마치 완전히 다른 사람이 된 것처럼 생활 방식을 바꾸는 경우는 의외로 주변에서 자주 볼 수 있다. 내가 일하는 분야에서도 이러한 사례를 수도 없이 목격하고 있으며, 또 그 과정에 관여하고 있다.

문제아였던 노벨상 수상자 산티아고 라몬 이 카할

스페인의 뇌신경 해부학자이자 훗날 노벨상을 수상한 산티아고 라몬 이 카할 역시 10대까지는 충동적이고 주의력이 부족해 어디로 튈지 모르는 성격이었다. 그래서 교사나 부모 모두 두 손 두 발 다 들었다.

혼나고 매를 맞아도 카할은 꾸준히 반항했다. 신경질적이고 비사교적인 성격, 대인관계에 있어 이해할 수 없는 행동 때문에 문제를 일으키거나 고립되기도 했다. 한편으로 그는 조류에 큰 관심을 보여 알을 수집하거나 직접 부화시키는 일에 열중하는 면도 있었다.

자연에 대한 남다른 호기심은 훗날 그가 과학자가 될 잠재력을 나타낸다고도 할 수 있다. 하지만 그러한 재능보다는 어른들의 시선에는 그의 문제 행동만 눈에 띄었다. 그리고 주변 사람들이 그를 진정시키려고 하거나 장난을 제지할수록 어린 카할의 반항과 비행은 더욱 심해졌다. 도구를 다루는 걸 좋아했던 카할은 직접 만든 활과 투석기를 능숙하게 다루었지만, 그 재능조차 동네 주민들 사이에서는 불량한 학생으로 보여졌다.

자연 관찰에 뛰어난 재능을 보인 카할은 아무 의미 없이 무언가를 암기하는 일을 극도로 싫어했다. 그래서 선생님이 라틴어와 문법을 억지로 가르쳤지만 외우지를 못해 공부를 무척 싫어하게 되었다.

그는 오직 그림에만 소질을 보였다. 붓을 잡을 때만큼은 완전히 달라진 모습으로 뛰어난 집중력을 보였다. 그러나 그의 아버지는 고생해서 의사가 된 사람이었기에 머릿속에는 온통 자신의 아들을 의사로 만들어야겠다는 생각뿐이었으므로, 아들의 그림에는 아무런 관심이 없었다. 선생님도 카할의 그림을 낙서라고 폄하하며 대놓고 싫어했다.

오늘날의 의학적 진단에 따르면 카할은 주의력 결핍 과잉행동 장애 또는 학습장애의 특징을 가진 학생으로 볼 수 있다. 그 또한 그레이존에 해당하는 사람이었던 것이다. 그래서 그 특성이 주위 사람들에게는 반항적으로 보였고, 그로 인한 학대가 카할을 정말로 반항적이고 문제 있는 학생으로 만들어 버렸다.

밥을 굶는 벌을 받고, 등에 굳은살이 박힐 정도로 채찍질을 당했던 카할은 첫 여름방학을 맞이해 집으로 돌아갔을 때 아무도 알아보지 못할 만큼 인상이 달라졌다.

그럼에도 불구하고 그는 여름방학 동안 불량한 친구들을 이끌고 돌아다녔다. 새로 지은 옆집 대문을 직접 만든 대포로 박살을 내는 바람에 3일간 유치장에 갇혀있기도 했다. 그때 그의 나이는 고작 11살이었다. 이대로라면 악당이 된다 해도 이상하지 않을 정도였다.

그리고 한 번은 대포를 쏘다가 포신의 파편이 눈에 들어가 실명 직전까지 간 적도 있었다. 그래도 카할은 싫증을 내지 않았다. 이번에는 사냥총 제작에 열을 올려 화약과 산탄까지 직접 만들었다. 화약을 보관해 두었던 오두막에 불티가 떨어져 폭발한 적도 있었다. 카할은 지붕과 함께 하늘로 날아갔지만, 다행히 통구이가 되는 불상사는 일어나지 않았다.

여름방학이 끝나고, 카할은 새로운 학교로 전학을 가게 되었다. 스파르타식이었던 전의 학교와는 달리 새로운 학교는 비교적 인간적이었다. 특히, 지리 수업은 명쾌하고 이해하기 쉬웠다. 심지어 섬과 산맥, 전국의 지형을 직접 그림으로 그리는 방식의 수업이 있었는데, 카할은 그 수업을 무척 좋아했다. 처음으로 학교 수업에 재미를 느꼈다.

훗날 뇌과학의 토대를 마련한 카할의 말에 따르면, 대부분 젊은이들은 추상적인 개념을 배우는 어학이나 수학을 어려워한다. 그러므로 추상적인 내용은 조금 더 나이가 들어야 재미있게 배울 수 있으니, 일정 시기까지는 구체적인 현상을 중심으로 배워야 한다고 주장했다.

특히 학습장애의 특징을 가진 아이들은 구체적인 현상을 다루는 능력은 뛰어나지만, 추상적인 개념은 전혀 이해하지 못하는 경우를 종종 볼 수 있다.

이때 상식적인 학습 순서에 따라 공부를 강요하면 카할처럼 고통스러워하고 반발을 일으키며 공부 자체를 싫어하게 될 수 있다.

이러한 아이들에게는 구체적인 내용을 가르치면 학습에 대한 흥미를 유발시킬 수 있고, 배우는 즐거움과 발견하는 기쁨을 느끼게 할 수 있다. 또한, 추상적인 개념을 이해할 수 있는 시기가 오면 더 크게 성장할 수 있다. 하지만, 그러한 시기가 오기 전에 가르치려고 한다면 가능성의 싹을 잘라버리는 결과를 초래할 가능성이 있다.

실제로 초등학교 4학년, 즉 10살쯤부터 대부분의 아이는 일률적으로 추상적인 개념과 조작을 배우기 시작한다. 구체적인 현상을 다루는 능력이 뛰어난 아이의 경우 자신의 장점을 인정받기도 전에 분수, 소수, 나아가 대수의 개념을 배우면서 좌절하고 학습에 크게 뒤처지게 된다.

개중에는 성적이 좋지 않아 멍청한 아이로 취급받고 그로 인해 겪는 괴로움을 비행이라는 형태로 해소하려는 아이들도 있다. 카할 역시 그러한 사례에 해당했다.

아버지도 포기했던 카할이
공부에 눈을 뜬 순간

중학교 3학년이 되어서도 카할은 여전히 악동 행세를 하고 다녔다. 대수와 그리스어 과목은 여전히 어려웠지만, 악동답지 않은 변화가 일어나고 있었다. 바로 독서의 즐거움에 눈을 뜬 것이었디. 그 무렵 그가 열중하며 읽은 책 중 하나가 『로빈슨 크루소』였다. 노력과 의지로 미지의 섬을 쾌적한 낙원으로 바꾸어가는 주인공의 모습에 매력을 느낀 것이다.

그러나 카할의 낮은 성적과 불성실한 태도에 속을 끓이던 아버지는 점차 아들의 장래를 포기하기 시작했다. 카할에게는 남동생이 있었는데, 형과는 다른 온화하고 신중한 성격이었다. 아버지는 차라리 의사가 될 사람은 동생이 더 적합할지 모른다고 생각하기 시작했다.

그런 와중에 카할은 또다시 소동을 일으키게 된다. 불량한 친구들과 저지르는 비행의 정도가 심해져 경찰관을 다치게 한 것이다. 심지어 그리스어 교사와도 마찰을 일으켰는데, 시험 시간에 백지를 내는 등 반항적으로 굴었다.

이 일로 격노한 아버지는 카할을 자퇴시키고 구둣가게의 수

습공으로 보내버렸다. 심지어 그 구둣가게는 열악한 대우에 일도 고된 데다 선배들도 엄격했다.

그러나 모두의 예상과는 달리 카힐은 의외로 재능을 보였다. 무언가를 만드는 일에 천부적인 재능이 있었던 듯하다. 구두 장인으로서 뛰어난 그의 솜씨가 마을에서도 소문이 퍼질 정도였다. 이러한 특성은 학습 장애를 가진 사람들이 나타내는 재능 중 하나이다. 1년 남짓한 사이에 그는 그물뜨기나 줄변자 기술은 물론 금사 세공까지 구사할 수 있게 되면서 멋진 부츠와 최신 유행 구두를 완벽하게 만들어 냈다.

여기서 카할의 인생에 다시 전환점이 찾아온다. 아들의 성장과 침착한 모습을 본 아버지가 한 번 더 기회를 주기로 한 것이다. 카힐은 이대로 구두 장인으로 성공해도 나쁘지 않았지만, 학교로 돌아올 생각이 없냐는 아버지의 말에 마음이 흔들렸다. 공부보다는 화가라는 꿈에 미련이 남았던 카할은 데생 수업을 받게 해준다면 학교로 돌아가겠다고 했다. 아버지는 그 타협안을 받아들였다.

복학한 뒤, 추상적인 사고가 발달하는 시기가 온 탓인지 카할의 성적도 조금씩 오르기 시작했다. 사물에 대한 강한 호기심은 카할을 서서히 자연과학의 세계로 끌어들였다. 그중에서도 사진 기술과 골학에 특히 매료되었다. 아버지로부터 건네받은 골학 기본서를 읽은 카할은 뼈에 대해 강한 흥미를 느끼게 된다.

그는 친구들과 함께 무덤에서 백골로 변한 시체를 파냈다. 그리고 그중에서 보존이 잘 된 두개골과 손발의 뼈 등을 골라 자신의 관찰용 컬렉션에 추가했다. 각각의 뼈에 있는 작은 틈과 구멍은 신경과 혈관이 지나는 길이었다. 그 세부적인 구조에 카할은 매료되었고 한 달만에 뼈의 모든 해부학적 명칭을 대답할 수 있게 되었다.

기억력이 나쁘지 않았던 카할이었지만, 구체적인 사물에 대해서는 경이로운 기억력을 나타냈다. 카할 자신도 책에 대한 기억력과 사물에 대한 기억력은 별개라고 말했다.

그는 마치 다른 사람이 된 것처럼 공부와 연구에 몰두했다. 흥미를 느끼는 무언가와 만나고, 나아가야 할 방향이 정해졌기 때문에 변화할 수 있었던 것이다. 나아가 그 노력과 성과가 평가받기 시작하면서 변화는 더욱 가속화되었다. 때때로 주체적으로 관심을 갖고 열중할 수 있는 일과 그에 대한 긍정적 평가가 맞물렸을 때, 사람은 최대한의 능력을 발휘하게 된다.

결과적으로 구둣가게에서의 경험은 카할의 내면에 있던 위기의식과 배우고 싶다는 욕구를 눈뜨게 했고, 진정한 자기 자신과 연결될 수 있도록 도움을 주었다고 할 수 있다.

이러한 일은 우리 주변에서도 자주 볼 수 있다.

취직하려던 중학생이 진학을 결심한 이유

중학교 3학년이던 R군은 입시 준비에 한창이던 친구들과는 달리 공부에 전혀 흥미를 느끼지 못했다. 그뿐 아니라 공부해야 할 이유를 모르겠다며 학교를 그만두고 아버지의 일을 배우겠다고 말했다. 이 말을 들은 어머니는 무척 당황하며 조언을 구하고자 내게 상담을 신청했다.

R군은 특성이 있는 아이 같았다. 이대로 억지로 공부를 시켰다간 더욱 싫어할 게 뻔했으므로, 그의 의사를 존중해 당분간은 아버지의 일을 돕게 해보라고 제안했다.

마침 여름방학이기도 해서 R군은 학원의 여름 특강 수업을 듣는 대신 아버지를 따라 배관공의 일을 배우기로 했다.

R군 또한 그 편이 더 마음이 편하다며 이른 아침부터 저녁 늦게까지 아버지의 소형 트럭을 타고 현장을 돌아다녔다. 금세 그만두겠다고 할 줄 알았는데, 의외로 여름방학 내내 묵묵히 일을 도왔다.

그의 아버지도 어릴 적 공부를 싫어해 부모의 속을 썩였지만, 뛰어난 일솜씨 덕분에 일찍이 독립해 가게를 차렸던 사람이었다. 주변에서도 R군이 아버지를 닮았으니 괜찮지 않겠느냐고 생각하기 시작할 무렵, 개학을 일주일 앞에 두고 R군은 아버지에게 이렇게 말했다고 한다.

"고등학교에 갈래. 그래서 이제 일은 못 도와줄 것 같아."

R군은 눈빛을 달리하며 공부에 매진했다. 2학기가 끝날 무렵에는 지금까지 받은 성적 중 가장 좋은 성적을 내며 지역 명문 고등학교에 당당히 합격했다.

명문 사립 대학을 졸업한 그는 대기업 건설사에 취직했고 사내 연애 끝에 결혼해 지금은 한 아이의 아버지가 되었다.

한 번의 위기를 경험한 뒤, 주체적으로 나아갈 길을 선택한 아이의 미래는 탄탄대로일 수밖에 없다.

사례 24

수학을 싫어했던 알프레드 아들러의 변화

앞서 소개한 아들러는 어렸을 적 구루병을 앓아 운동도 할 수 없었고, 몸이 약해 폐렴에 걸려 죽을 뻔하기도 했다. 죽음의 문턱에서 기적적으로 살아남자 아들러는 의사가 되겠다고 마음속으로 맹세했다.

그러나 맹세와는 달리 성적이 좋지 않았는데, 특히 수학을 어려워했다. 가족들의 기대를 한 몸에 받으며 김나지움에 진학했지만 유급을 피할 수는 없었다. 장사를 하던 아버지는 아들러가 의사나 변호사가 되기를 원했지만, 가능성이 낮다고 판단했는지 아들러에게 구둣가게 일이나 배우라며 압박했다고 한다.

아버지의 말에 아들러는 초조했다. 그의 형은 훨씬 똑똑했지만, 아버지의 일을 돕기 위해 결국 김나지움을 그만둬야 했기 때문이다.

아들러는 분발하여 성적을 끌어올렸다.

어느 날 수학 선생님이 고심하던 수학 문제를 아들러가 대신 풀면서 이를 계기로 아들러는 수학에 대한 자신감을 되찾게 되었다. 그 후, 수학은 그가 가장 자신 있어 하는 과목이 되었다.

이 경험은 잘하고 못하는 것은 스스로 어떻게 생각하는지에 크게 좌우되므로, 얼마든지 바꿀 수 있다는 아들러의 사상으로 이어졌다.

사례 25

어린 융이 새롭게 태어난 날

앞서 융이 어린 시절, 의식을 잃고 쓰러진 뒤 발작을 일으켜 반년 동안 학교를 쉬게 되었다는 이야기를 했다. 융이 집에서 좋아하는 책을 읽으며 시간을 보내던 어느 날, 아버지와 친구가 나누는 이야기를 엿듣게 되었다.

아버지는 융의 병이 낫기 어렵다면, 아들은 평생 일하거나 사회에 나갈 수 없을 것이라며 매우 비통한 심정을 내비쳤다. 융은 그제서야 자신의 병이 그 정도로 심각하다는 사실을 깨닫고 놀랐다. 훗날, 그는 당시 느꼈던 감정에 대해 이렇게 회상했다.

"마치 벼락을 맞은 듯한 충격이었다. 그제야 현실을 자각할 수 있었고 열심히 해야겠다는 생각이 머릿속을 맴돌았다.

그날, 나는 성실한 아이가 되기로 마음먹었다. 그래서 조용히 그 자리를 떠나, 아버지의 서재로 들어가 라틴어 교과서를 펼치고 열심히 공부하기 시작했다. 10분 후, 실신 발작이 일어났다. 의자에서 굴러떨어질 뻔했지만, 몇 분 지나지 않아 다시 기분이 나아져 공부를 계속했다. '제길! 지금 기절할 때가 아니야!'라고 스스로를 다그쳤다. 15분 정도 지나자 두 번째 발작이 일어났는데, 첫 발작과 비슷하게 지나갔다. '이 기세를 몰아서 계속 가는 거야!' 나는 힘을 냈다. 그리고 30분 후, 세 번째 발작이 덮쳤다. 이번에도 이겨내고 30분 더 공부를 이어갔다. 그제야 드디어 발작을 극복했다는 사실을 실감했다. 갑자기 최근 몇 개월에 비해 기분이 좋아지는 것 같았다. 그 후로 발작은 두 번 다시 일어나지 않았다. 그날 이후, 나는 매일 문법책과 연습장으로 공부했다. 몇 주 후에는 다시 학교에 나가게 되었고 학교에서도 발작이 덮쳐오는 일은 없었다. (중략) 그때야 비로소 내 양심이 눈을 떴다. 내 양심은 겉모습만 그럴듯하게 꾸며 나를 어떠한 존재로 인정받기 위한 것이 아니다. 자기 자신을 위한 것이다."

융의 진정한 자신이 되고자 하는 결심은 주변의 평가나 다른 학생들과의 비교에서 비롯된 것이 아닌 진심에서 우러나왔다. 이는 본래의 나 자신과 연결되었다고 볼 수 있다.

나 자신과의 관계 이해하기

어떤 사람이든 양육자나 주변 환경의 영향을 피할 수는 없다. 그럼에도 그 사람의 기분과 특성을 어느 정도 배려해 주는 환경에서 자란 사람은 능력이 부족하더라도 나름대로 자신이 좋아하는 일이나 잘하는 일에 대해 자각할 수 있다.

또한 사소하더라도 타인에게 도움을 주거나 반대로 누군가로부터 존중을 받는 경험을 하며 적당한 자기 긍정감을 키울 수 있다. 그리고 자신의 약점을 받아들이면서 노력하면, 사람들로부터 인정받으며 성취감과 충실감을 맛볼 수 있게 된다는 사실을 배우게 된다.

그러나 개인의 기분과 특성을 배려받지 않고 주변의 기대를 강요받거나 안정감이 위협받는 환경에서 자란다면 어떻게 될까. 실패와 부정적인 평가에 대한 불안이 항상 따라다니고 새로 도전하는 기쁨과 기대보다는 실패로 인해 상처받는 일에 대한 두려움과 창피함과 같은 부정적 감정이 앞서게 된다.

성공하더라도 성취감이나 기쁨보다는 완수하지 못한 작은 부분에 신경 쓰며 실패했다고 생각할 수 있다. 그러면 당연히 실제보다 자신을 훨씬 과소평가하고 자기 긍정감이 억눌린다.

따라서 자신의 감정과 같이 가장 소중한 것조차 하찮게 생각하고 표현할 가치가 없다고 여기게 된다. 이 감정을 표현하면 상대방이 부정적으로 평가하지는 않을지, 바보 취급하지는 않을지 걱정하며 주저하게 된다.

그러한 일이 쌓여가다 보면 자신의 솔직한 생각과 기분을 말하는 대신, 상대방을 기쁘게 하는 일만 하거나 마음을 닫고 중요한 말은 하지 않은 채 아무런 문제가 없다는 듯 행동하게 된다.

원래 자신의 기분과 욕구, 가지고 있는 특성을 존중받지 못한 사람에게는 이러한 일이 쉽게 일어난다. 이것이 반복되면서 자신의 진짜 감정에서 멀어지는 일에 익숙해지고, 점차 본심이 무엇인지 잊어버리게 된다. 거짓으로 꾸민 모습이 자신의 평소 모습이 되어버리는 것이다.

그러나 이런 속임수나 자기 은폐는 영원하지 않다. 특정 시기에는 어떻게 넘겼을지 몰라도 결국은 균열이 발생한다. 무슨 일을 해도 공허함을 느끼거나 인생에 허탈감을 맛보거나 무의미하다는 생각이 가슴속에 번지기 시작한다. 의존적이거나 자극적인 행동으로 이러한 기분을 달래보려 하지만, 그마저도 교착상태에 빠지는 시기가 온다.

이 문제를 근본적으로 해결하려면 자기 자신과 연결되어 있어야 한다. 그러지 않다면 어떠한 일을 해도 그저 시간을 벌거나 속임수뿐인 일시적인 방편에 불과하다.

사례 26

불량아였던 크레이그 벤터, 세계적인 학자가 되다

세계 최초로 인간 유전체(모든 유전자 배열)를 해독한 미국의 분자 생물학자 크레이그 벤터J. Craig Venter는 자신의 학창 시절에 대해 유치원 시절이 가장 정점이었다고 회고했다.

암기와 시험을 무척 싫어해 모국어인 영어의 철자조차 잘 몰랐던 그는 고등학생 때 A를 받은 과목은 단 두 개뿐이었는데, 훗날 크게 도움이 된 목공과 수영이었다.

세계적인 과학자가 될 조짐은 전혀 보이지 않았다. 그는 충동

나 자신과 연결되기

적이고 반항적이었으며 문제만 일으키고 다녔다. 고등학교 시절 벤터는 당시 불량 학생들 사이에서 유행하던 리젠트 헤어스타일을 하고 맥주를 마시거나 담배를 피웠다. 또 친구와 차를 훔쳤다가 경찰에 쫓기기도 했다.

벤터는 반항적이고 불량 학생 행세를 하던 당시 자신을 되돌아보며 무슨 일을 해도 이길 수 없었던 똑똑한 형과 누나와는 반대로 나쁜 짓을 일삼아 부모의 관심을 받으려 했던 것 같다고 분석했다.

그 역시 아들러와 마찬가지로 열등 콤플렉스를 가지고 있었다. 하지만 몸이 약해 부모로부터 특별한 보살핌을 받았던 아들러와는 달리, 벤터의 부모는 그가 그저 나쁜 짓을 그만두기만을 바랐다. 정학 처분을 받아 외출 금지를 당한 벤터는 구속받는 생활에 진력이 나, 샌프란시스코에 있던 본가를 뛰쳐나왔다.

이후 아르바이트를 전전하면서 남캘리포니아 해변에서 아침저녁으로 서핑을 즐기는 생활은 즐거웠지만, 벤터는 점점 무언가 부족하다고 느끼기 시작했다. 단기 대학(2년제 사립대학)에 입학하기로 결심한 것도 그의 안에서 무언가 변화가 싹트기 시작했다는 사실을 나타낸다.

그러나 학교에 입학하자마자 생각지 못한 사태가 벤터의 인생을 덮쳤다. 징병 통지서가 날아온 것이다. 1964년, 바야흐로 베트남 전쟁이 확전되던 시기였다. 전쟁을 반대하던 벤터는 여기서 운명을 결정짓는 중요한 선택을 한다. 의무병으로 지원한 것이다.

의무병은 적을 죽일 필요가 없고, 복무 기간이 연장되지 않는다는 장점이 있었다. 다만, 벤터는 그 이유까지는 알지 못했다. 의무병은 일반 병사만큼이나 베트콩(남베트남 민족해방전선)들이 노리고 있으므로, 결원율이 높았다. 즉, 복무 기간 동안 살아남는 자가 거의 없었으므로, 기간을 연장할 필요가 없었던 것이다.

목공 수업에서 A를 받았던 벤터의 야무진 손재주가 의료 분야에서도 발휘하게 되었다. 벤터의 주특기는 뇌척수액 채취와 간과 장의 생검(긴 바늘을 찔러 넣어 세포를 채취하는 것)이었다. 그는 반년도 안 되는 기간 동안 샌디에이고의 감염병 병동과 응급실에서 실습 훈련을 받은 후 베트남으로 파견되었다.

그러나 그는 운명에만 모든 것을 맡기지 않았다. 살아남을 수 있는 확률을 조금이라도 높이고자 해군의 의무 총감에게 자신의 의술을 소개하며 다낭에 있는 해군 병원에서 역량을 발휘하고 싶다는 취지의 편지를 써서 보냈다. 이러한 노력 덕분에 벤터는 원하는 대로 자대 배치를 받을 수 있었다. 만일, 편지를 보내지 않았다면 일단 살아 돌아오지 못했을 거라고 그는 확신했다.

해군 병원은 베트콩에게 살해당할 위험이 적었지만, 폭탄이

작렬하는 소리를 들으며 포탄과 지뢰 때문에 손발을 잃었거나 기관총에 배가 뚫린 환자를 치료해야 했다. 그들의 이야기를 듣고 죽음과 마주하는 일은 벤터의 정신을 갉아먹었다.

베트남에 온 지 5개월이 지난 어느 날, 벤터는 가혹한 현실에서 도망치고 싶어졌다. 그래서 바다에 뛰어들어 먼바다까지 헤엄쳐 갔다. 힘이 다 빠질 때까지 헤엄치다가 깊은 바닷속으로 가라앉아 버리고 싶었다. 해안이 보이지 않는 곳까지 왔을 때, 맹독성 물뱀과 마주쳤지만 멈추지 않고 계속 헤엄쳤다.

그러자 이번에는 상어가 나타나 벤터에게 몸을 부딪히거나 물려고 했다. 그 순간, 그는 정신이 번쩍 들며 죽고 싶지 않다는 생각을 했다. 방향을 바꾸어 필사적으로 해안을 향해 헤엄치기 시작했다. 그때만큼 강하게 살고 싶다고 생각한 적이 없었다고 한다. 벤터는 그간 쌓아왔던 수영과 서핑 실력 덕분에 간신히 해안에 도착할 수 있었다.

그 무렵, 그는 작은 마을의 고아원에 의료 봉사활동을 하러 나가는 것을 무척 기다렸다. 베트콩들이 습격할 수도 있었지만, 외출 목적을 알고 있다는 듯 별다른 공격은 하지 않았다.

벤터는 죽음과 비참함이 만연하는 환경 속에서도 사소한 것이라도 누군가를 돕기 위해 지식을 유용하게 활용하는 과정에서 자신이 나아가야 할 길이 확실하게 보이기 시작했다고 회상했다. 살아서 고국으로 돌아간다면, 의대에 진학해 의사가 되어 개발도상국에서 일하겠다고 마음먹었다.

2년 8개월의 복무를 마치고 무사히 본국으로 귀환한 후 그는 목적을 위해 행동하기 시작했다. 그러나 고등학교 성적이 너무 저조하여 상식적으로는 의사가 되는 계획은 실현 불가능했다. 미국의 학사 제도에서는 의사가 되려면 일단 우수한 성적으로 대학을 졸업하고 메디컬 스쿨에 진학해야 했다. 벤터는 태어나 처음으로 진지하게 공부에 파고들었다.

과거 열등생이었던 그는 의외로 문학 수업에서 자신감을 되찾게 된다. 그가 쓴 작문이 교사에게 좋은 평가를 받자, 갑자기 의욕이 샘솟았다. 그 뒤로는 그렇게나 어려워했던 수학과 화학에도 점차 재미를 느끼게 된다. 그는 학비와 생활비를 벌기 위해 병원 상근 직원으로 근무하며 야근도 마다하지 않았다. 이런 힘든 환경에서도 공부를 계속할 수 있었던 이유는 의사가 되겠다는 강한 의지가 있었기에 가능했다.

벤터는 대학에서 네이선 O 카플란Nathan O. Kaplan을 만나게 된다. 생화학자였던 카플란은 벤터와 토론을 벌이다가 그가 낸 아이디어를 듣고 꼭 시도해보라며 격려해 주었다. 카플란은 벤터를 실험 조수로 채용해 실험에 참여할 수 있게 해주었다. 벤터는 실험에 깊숙이 빠져들고 대학을 졸업할 무렵에는 몇 편의 논문도 학술지에 발표하기도 했다.

그때까지 공부에 관해 무엇 하나 칭찬받은 적이 없었던 벤터가 연구자로서의 능력을 인정받은 것이다. 대학을 졸업했을 때, 그는 메디컬 스쿨과 대학원 둘 중 어느 곳에 진학해 연구할지 고민하다가 연구자가 되기로 결심했다. 그는 연구자가 천직이었다.

벤터는 주의력 결핍 과잉행동 장애와 학습장애의 특징을 가지고 있었다. 또한 뛰어난 형과 누나의 그늘에 가려 부모로부터 충분한 인정받지 못해 불안정한 애착 문제도 안고 있었다. 이는 그의 반항적인 태도와 자포자기했던 생활 방식과도 연결되어 있다. 10대 시절 벤터는 주변 사람들과 자기 자신 모두 그가 가진 특성의 단점 때문에 힘겨워했고, 장점을 전혀 살리지 못하고 있었다.

그러나 위기에 처했던 경험과 사람들로부터 인정받았던 경험을 통해 그는 자신과 연결되었고, 이를 계기로 원래 가지고 있던 가능성을 꽃피울 수 있게 되었다.

주체성을 되찾다

발달장애로 인한 실패와 부정적 경험은 주체적으로 길을 개척할 때 필요한 자신에 대한 신뢰감을 키우는 일을 방해한다. '나는 어리석고 무력하며 어차피 또 실패할 뿐이다'고 생각해 점점 더 무책임하거나 소극적인 인생을 걷기 쉽다. 무기력과 소극성은 가능성의 폭을 좁힐 뿐 아니라 모처럼 도전한다 해도, 스스로를 실패로 이끄는 원인이기도 한다.

이러한 악순환을 끊고 원하는 방향으로 나아가려면 '이대로는 안 된다'는 위기감을 가져야 한다. 또한, 스스로에게 정말로 지금의 생활 방식을 원하는지, 어디로 가야 하는지, 내 인생은 무엇을 위해 사용해야 하고 어떤 목표를 세워야 하는지 되물어보아야 한다.

지금까지 부모나 주변 사람들의 잔소리나 기대, 압박 때문에 마지못해 해온 일들은 진심으로 내가 하고 싶었던 일인가? 나도 모르게 포기했던 것은 아닐까? 일단 모든 것을 백지화상태로 돌리고 자유로운 시선에서 자신의 생활 방식을 되돌아본다. 이는 자신 스스로와 연결되기 위해 필요한 과정이다.

내가 무엇이 되고 싶고, 무엇이 하고 싶은지, 무엇을 소중히 여기며 살고 있는지를 어느 정도 명확하게 인식해야 비로소 주체적으로 결정을 내리며 앞으로 나아갈 수 있다.

과거에 얼마나 많은 실패와 부정적인 경험을 했든 이를 두려워하기보다는 자신의 인생을 소중히 여기려는 마음을 가지는 편이 훨씬 중요하다. 타인의 평가와 강요가 아닌, 자신이 원하는 것을 선택하고 스스로 납득하는 방식으로 살아갈 수 있게 될 것이다.

나 자신과 연결되기

자신의 가능성을 믿지 못한 S씨

S씨는 무척 섬세한 성격을 지닌 20대 후반의 여성이다. 대학교에서 만화학과를 졸업했지만, 취직하지 않고 아르바이트를 하며 틈틈이 만화를 그렸다.

그녀는 어릴 적부터 내성적이었기에 친구들과 놀기보다 혼자 그림을 그리는 걸 좋아했다. 만화를 계속 그리고 싶기도 했고, 회사라는 조직에 제대로 적응할 자신이 없었기 때문에 취직하지 않았다. 이를 보면 S씨 또한 그레이존의 특성을 가지고 있다고 할 수 있다.

그러나 현실은 녹록하지 않았다. 감각이 예민하고 체력도 약해 아르바이트만으로도 쉽게 피로해져 펜을 들 힘조차 없는 날도 많았다. 그런 상황 속에서 몇 차례 작품을 응모했지만, 모두 떨어졌다. 그러자 점점 응모하는 일 자체가 두려워졌다. 가끔 지인을 통해 받는 일러스트 작업 외에 프로로서의 일은 전무하다시피 한 상황이었다. 자신이 그리는 만화에 대한 자신감도 떨어졌다. 이 길을 계속한들 가망이 없을 것 같다며 S씨는 미래에 대한 불안을 토로했다.

그럼에도 계속 만화를 그리는 이유를 묻자 잠시 생각하더니 역시 만화를 좋아하기 때문이라며 미소를 지었다.

나도 소설가가 되고 싶어서 20대부터 여러 차례 신인상에 응모했다가 떨어졌던 경험이 있으므로 그녀의 심경을 모르는 바 아니었다. 처음으로 1차 예선에 통과하기까지 5, 6년 정도 걸렸는데 거기서부터 데뷔하기까지 또 10년이라는 세월이 더 걸렸다.

그녀에게는 자신이 하고 싶은 일이 가장 중요하고 사람의 평가를 두려워하면 끝이라는 말밖에 해줄 말이 없었다. 아무리 좋은 작품이라도 금세 주목을 받지는 않으니, 인정받을 때까지 포기하지 말고 계속 도전해야 한다고 말이다.

그때 S씨는 그저 애매한 웃음을 지어 보였다. 하지만 그로부터 약 6개월 후 그녀가 편집자로부터 단편 만화 의뢰를 받았다는 연락이 왔다. 그 소식을 듣고 나 또한 기쁜 나머지 무심코 환호성을 지를 뻔했다. 하지만 S씨는 기쁨보다 앞으로 다가올 일에 대한 압박감 때문에 긴장한 듯했다.

다행히 그녀의 작품은 호평받았고, 새로운 작품 연재까지 의뢰받아 바쁜 나날을 보내고 있다. 나보다 10년이나 빨리 데뷔했으니, 앞으로의 활약이 기대된다.

회피하는 버릇에서 벗어난 F씨

F씨는 22살의 대학생이다. 원래라면 취업해야 할 나이이지만, 다니던 학교를 그만두고 재수한 탓에 현재 대학교 2학년이었다. 하지만, 지금 F씨의 마음에는 이전과 같이 망설이거나 도망치려는 버릇은 없었다.

처음 입학했던 대학이 나와 '맞지 않는다'고 느껴 재수학원에서 공부한 뒤 다른 대학에 들어갔다. 하지만 한 달도 되지 않아 강의 내용도 친구들 모두 생각했던 것보다 훨씬 '재미가 없고' '지루하다'고 느껴 한때 또다시 학교에 나가지 않은 적이 있었다. 상담을 받기 시작한 것도 이 무렵이었다.

F씨는 고집스럽고 민감하며, 또한 사람들과 마음 편히 사귀지를 못하는 성향으로 대인관계에 어려움을 겪었는데, 자폐 스펙트럼 장애는 아니었다. F씨는 공포와 회피를 바탕으로 한 회피성 인격 장애의 특징을 보였다.

애초에 재수도 본인의 선택이었지만, 막판 스퍼트에 실패해 원하는 대학에 입학하지 못했고 결국 성적에 맞춰 대학을 들어갈 수밖에 없었다. 그는 삼수라도 해야 하는 건지, 성적이 아닌 다른 문제가 있는 건 아닌지 고민이 되었다.

예를 들어, 일 년 더 공부해 원하는 대학에 간다고 하더라도 같은 이유로 학교에 가기 싫어질 수도 있다. 상담사는 F씨의 강한 자존심, 그리고 자존심에 상처가 나는 일은 피하려고 하는 버릇이라는 지적에 퍼뜩 정신이 들었다고 한다.

생각해보니 그녀는 짚이는 점이 너무 많았다. 아무리 학교가 재미없다고는 하나 아직 실습조차 시작하지 않은 상황이었다. 단지 매일 일어나 아침마다 지하철에 몸을 싣고 학교에 다니며 다른 많은 학생과 같이 교실에 들어가는 일이 힘들어서 학교가 자신과 맞지 않는다는 핑계를 대는 것은 아니었을까. 강의가 지루하다고 불만스러워했지만, 사실은 인원이 적어 발표할 확률이 높은 소규모 수업이라 자신의 무능력한 모습을 다른 어린 학생들에게 들킬까 두려워 이런저런 핑계를 대고 멀리한 건 아니었을까.

상담사는 F씨가 자존심이 강한 만큼 실패하거나 창피를 당해 자존심에 상처받을까 두려워 그러한 상황을 피하려고 할 뿐이라는 지적에 정곡을 찔린 것 같았다.

"자존심을 지키기 위해 계속 도망치는 건 아닌가요?" 이 질문을 듣고 F씨는 처음으로 자기 자신을 들여다보았다.

그렇게 살기는 싫었다. 더는 도망치고 싶지 않았다. 도망치기 위한 핑계만 찾는 건 싫었다.

"그렇다면 자존심을 버리고 창피함을 각오해야죠."

나 자신과 연결되기

그 후로 F씨는 피하고 싶은 상황이 생길 때마다 그때를 떠올렸다. 회피한 뒤 느꼈던 감정을 떠올리면 도망치는 일이 훨씬 싫어졌다.

1년 후, F씨는 강의가 재밌어졌거나 하는 일이 즐거워졌다기보다는, 더 이상 도망치고 싶지 않다는 생각이 강해졌다고 말했다.

"생각보다 착한 친구들도 있었어요. 내가 먼저 나를 드러내지 않으면, 상대방도 진심으로 대하지 않는다는 사실을 깨달았죠. 상처를 받아들이니 오히려 홀가분해졌습니다."

그레이존 사람들은 대체로 예민하거나 상처받기 쉽고 자존심이 강한 경우가 많아 회피하고 싶은 유혹을 훨씬 강하게 느낀다. 그래서 스스로 회피를 정당화할 다양한 이유를 찾으려고 한다.

그러나 진심으로 자신의 인생을 되찾고 싶다면, 계속 회피하며 자존심을 지키는 것보다는 자존심이 상하더라도 자신이 해야 할 일을 하겠다는 마음이 필요하다.

그리고 자존심은 지키려 들수록 오히려 더 쉽게 상처 입는다. 하지만 무방비하게 상처를 드러내기 시작하면, 신기하게도 자존심은 크게 다치지 않는다.

자신의 가치를 인정받는 경험

자신이 받아들여지는 경험은 회복의 출발점이 된다. 하지만, 마음의 상처와 자기 부정에서 빠져나와 스스로를 긍정할 수 있는 상태로 회복하기 위해서는 그것만으로는 충분하지 않다.

자기 부정과 마음의 상처를 안고 사는 사람들은 살아가는 것 자체에서 의미를 잃게 되면 회복이 어렵다. 사람이나 세상을 불신하는 데 그치지 않고 자기 자신에 대한 신뢰마저 잃어간다. 언제 또 속아서 상처받을지 모른다는 위기감과 함께, 나는 어차피 누구에게도 소중하지 않으니 나쁜 일을 당할 수밖에 없는 어리석고 쓸모없는 인간이라는 생각이 머릿속을 맴돈다.

'있는 그대로의 모습이 좋다', '열심히 하지 않아도 된다', '살아만 있으면 된다'는 말을 듣는다면 마음은 편해지겠지만, 가슴 한편에는 여전히 허전함이 남을 것이다.

이러한 상태를 벗어나 스스로에 대한 신뢰를 회복하기 위해서는 내가 무엇을 해내는지, 어떠한 도움을 주었는지, 누군가에게 필요한 존재였는지를 경험하며 비로소 나의 가치를 인정해야 한다.

사소한 것부터라도 상관없다. 땀을 흘려 무언가를 이뤄내기만 해도 자기 효능감은 높아진다. 누군가가 기뻐해 주면 그 기분은 더욱 커진다.

또한 누군가를 돌보고 돕는 일이 계기가 되기도 한다. 나를

위해서는 열심히 하지 않아도, 나를 필요로 하는 사람을 위해서
는 누구나 최선을 다하게 된다.

어떤 일이든 금방 그만두었던 청년을 변화시킨 계기

T씨가 나를 처음 찾아왔을 무렵에는 그는 사소한 일에도 쉽
게 발끈해 날뛰다가 응급실 신세를 진 적이 한두 번이 아니었
다. T씨는 민감하고 고집이 셌으며 생각대로 일이 풀리지 않으
면 화를 참지 못했다.

자폐 스펙트럼 장애의 특성도 가지고 있었지만, 그보다 T씨
에게는 마음의 상처가 있었다. 그의 부모는 아버지의 가정 폭력
때문에 이혼했다. T씨는 아버지를 좋아했지만, 부모의 이혼 후
어머니와 살게 되면서 속앓이를 했다. 어머니가 특히 예뻐했던
여동생이 어머니와 사이가 가까워지기 시작한 것도 짜증의 원
인이었다.

중학생 무렵부터 그는 학교를 나가지 않았다. 겨우 입학한 고
등학교도 마찬가지였다. 사이버 학교로 전학한 뒤 간신히 졸업
했고, 재수까지 하며 들어간 사회복지 계열의 대학교 또한 입학

후 여름방학이 되기도 전에 그만두었다. 그때부터 T씨의 길고도 어두운 방황이 시작되었다.

그의 꿈은 원대했다. 기업가를 목표로 경영을 배우기도 했으며, 의료 분야에 종사하고자 전문학교에 들어가기도 했다. 하지만 결국 모두 도중에 그만두었다. 그래서 직업 훈련을 받거나 사이버 대학에 다녀도 보고, 고용지원센터를 찾은 적도 있었다. 그러나 이 또한 오래 가지 않았다. 일자리도 여기저기 전전한 끝에 일반 취업은 어렵겠다 싶어 정신장애인 수첩도 취득했다. 그러나 그 수첩을 이용해 취업한 단순 작업과 청소 일조차 금세 그만두었고, 주변 사람들은 모두 T씨가 할 수 있는 일은 없다고 생각하게 되었다.

그러던 중 이 흐름은 아이들과 관련된 일을 하면서부터 달라지기 시작했다. 방과 후 아이들과 함께 놀거나 공부를 봐주는 일이었다. 주변 사람들은 일이 힘드니 일주일도 안 돼 그만둘 거라고 우려했다. 하지만 예상과 달리, T씨는 한 달 넘게 꾸준히 출근했다. 주변에서는 그가 의외로 열심히 한다고 생각하면서도 곧 그만두겠지, 이제 그만두겠지라고 생각하는 사이에 3개월이나 지났다. T씨는 6개월이 지난 후 상사들과의 의견 충돌로 일을 그만두었다.

그동안 수고했다며 그를 위로했지만, 스스로 아쉬운 듯 했다. 이유를 모르겠다며 거듭 반성했다. 일을 그만둔 건 신경 쓰지 말고 편히 쉬라고 했지만, 반년도 채 지나지 않아 다시 취직했다고 연락이 왔다. 이번에도 아이들과 관련된 일이었다. 이 일을 좋아하는 것 같아 이야기를 나눠보니, T씨는 다른 사람들과는 달리 어른의 시선으로 아이를 대하지 않아, 아이들의 기분을 잘 헤아리는 듯했다. T씨가 아이들 이야기를 할 때 그의 눈빛은 반짝였다.

그럼에도 6개월이 지났을 무렵 T씨는 또다시 일을 그만두었다. 아이들의 비위를 너무 맞춘다며 주변 직원들과 다툰 모양이었다. T씨의 기분은 충분히 이해됐다. 이런 직장에서는 아이들과 눈높이를 맞추는 직원을 귀찮게 여길 때가 종종 있기 때문이다.

하지만 현실과 타협하는 일은 이제 막 성인이 된 T씨에게 너무나 어려운 과제였을 것이다. 더는 T씨가 상처받지 않았으면 하는 마음이 들어 '최선을 다했으니 조금은 편히 쉬라'는 말밖에 해줄 수 없었다.

그러나 T씨는 포기하지 않고 한 달 뒤에 다른 아동 관련 시설에 취직했다. 아이들과 관련된 일을 시작한 후로 T씨의 표정은 한층 밝아졌지만, 이번에는 훨씬 진지하고 의욕이 한층 더 올라간 느낌이었다. 나아가 마치 다른 사람이 된 것처럼 침착하고 적극적인 모습까지도 보였다.

변화의 중심에는 그의 직장 상사인 새로운 시설의 원장이 있었다. T씨는 인간적으로나 아이들을 대하는 자세에서나 본보기로 삼을 만한 사람을 새 직장에서 처음 만나게 되었다. 이 시설 원장은 T씨를 이해하고 그의 노력을 인정해 주었다.

1년이 지나 정신장애인 수첩을 갱신할 시기가 되어, T씨는 원장에게 앞으로 이 일을 계속하려면 수첩을 갱신해야 하냐고 물어보았다. 그러자 원장은 처음부터 T씨를 장애인 전형으로 채용한 것이 아니니 스스로 결정하라고 대답했다. 그 말을 들은 T씨는 수첩을 갱신하지 않기로 했다.

T씨가 아이들과 관련된 일에 특별한 관심과 능력을 발휘할 수 있었던 것은 그가 직접 경험한 고통 덕분에 아이들의 외로움과 분노를 공감할 수 있었기 때문일 것이다. 또한, T씨 자신도 상담사나 의사의 도움으로 여기까지 올 수 있었다. 이처럼 누군가에게 의지하는 경험을 하면서, 어느새 그도 누군가에게 손을 내밀 수 있는 사람이 되었는지도 모른다.

그리고 또 하나, 그는 존경하는 상사에게서 돌아가신 아버지의 모습을 보았던 것 같다.

어릴 적부터 의지하기는커녕 오히려 배신을 경험한 사람에게는 타인만큼 믿을 수 없는 존재도 없다. 다른 사람은 물론 자신에 대해서도 부정적으로 생각하기 쉬운데, 이러한 인식을 바꾸려면 신뢰할 수 있는 존재나 나를 필요로 하는 사람과의 관계 속에서 스스로의 가치를 되찾아야 한다.

나 자신과 연결되기

상담자가 내담자의 생각을 방해하지 않고 경청하는 인간 중심 치료는 진정한 자신과 연결되는 과정에서 매우 효과적이고 전문적인 접근법이다. 아직 스스로 인지하지 못한, 말로 표현할 수 없는 내면의 생각과 감각을 찾아 이를 언어화하고, 나아가 행동으로 표현하기 위해서는 이미지와 감각에 초점을 맞춘 다양한 심리 치료가 도움이 될 것이다.

또한 진정한 나와 마주하는 일을 회피하고 있다면, 자신이 하고 싶은 것이 무엇인지 명확히 알아내 행동의 변용을 꾀하는 수용 전념 치료ACT[18] 또는 내가 개발한 공포·회피형 애착 유형(회피성 인격) 개선 프로그램[19]이 적합할 것이다.

제10장

고생 끝에 값진 보상받기

특별한 아군이 되다

그레이존 사람들은 발달 특성과 더불어 애착 형성의 어려움과 반복된 부정적 경험 때문에 트라우마가 쉽게 형성된다. 그렇다면 이들은 어떻게 해야 조금이라도 자신만의 장점을 활용해 보상받는 삶을 살아갈 수 있을까? 큰 고생을 겪었어도 열심히 했으면 됐다고 생각할 수 있는 긍정적인 삶을 손에 넣을 수 있는 방법은 무엇일까?

이러한 질문에 대답하기 위해 의학적인 지식과 임상 경험뿐 아니라 다양한 사람들의 사례를 바탕으로 삶에 있어 중요한 요소들을 설명했다.

마지막 장에서는 나 역시 발달 문제와 애착 문제를 안고 살아가는 사람으로서 내 인생을 돌아보고 삶을 살아가는 데 무엇이 도움이 되었는지 정리하려 한다.

나는 나만의 세계에 갇히는 폐쇄적인 경향이 있었다. 충동적이고 고집이 셌으며, 남의 말을 듣지 않고 한 번 결심하면 돌진하는 아이였다. 어머니는 이런 나를 키우시느라 꽤나 힘드셨을 것 같지만, 여기에는 가족 환경의 문제도 관련되어 있다. 우리 가족은 특수한 사정으로 인해 어머니는 매일 눈물을 흘리셨는데, 나 또한 거기에 일조했다.

솔직히 나는 성적도 뛰어난 편이 아니었다. 어머니는 내 능력을 조금이라도 키워주고자 형편이 무척 어려웠음에도 학원에 보내주셨다. 그러나 나는 무엇 하나 끈기 있게 배우지 못해 절반 정도는 땡땡이를 치기 일쑤였다. 학원비만 낭비하는 셈이었다. 그나마 오랫동안 배운 것은 초등학교 5학년 때 시작한 유도였다(아마도 주산 대신 배웠던 것 같다). 유도는 업어치기나 낙법 같은 기술을 익히는 것뿐만 아니라 사람들과 어울리는 데 좋은 훈련이 되었다. 그러나 바닥에 내동댕이쳐질 때 느껴지는 통증이 점점 심해져 결국 유도 또한 그만두고 말았다.

비록 근성도 특별한 능력도 없는 문제아였지만, 점차 열심히 해야겠다는 생각으로 바뀌어 갔다. 공부나 동아리 활동에 의욕적으로 참여하게 된 것도 이런 내 변화를 보고 기뻐하거나 칭찬 해 주는 사람이 있었기 때문이다.

이러한 생각은 나이를 먹으면서 나 자신을 위해 열심히 해야겠다는 인식으로 바뀌었다. 하지만 자기 일처럼 일희일비해 주는 존재가 있다는 사실 자체가 출발점으로서의 큰 의의를 지닌다.

그러므로, 자녀를 둔 부모나 아이와 관련된 일에 종사하는 사람에게 가장 전하고 싶은 것은 그 아이에게 특별한 아군이 되어 주어야 한다는 사실이다. 온 세상이 적이라고 해도 그 아이의 곁을 결코 떠나지 않는 특별한 아군 말이다. 그러한 존재가 있다는 사실만으로 아이들은 마치 천군만마를 얻은 듯한 느낌일 것이다.

밝은 환경에 있는 아이들만이 아니다. 우리 주위에 특별한 아군 없는 아이들이 있는지 살펴보자. 만일 그런 아이를 발견했다면 빛이 있는 곳으로 나아갈 수 있도록 이끌어 주어야 한다.

불행하게도 자신을 지켜주는 존재가 없다는 사실은 아이들에게 매우 불리하게 작용한다. 그러므로 아동 지원에 종사하는 사람들의 중요한 역할 중 하나는 이러한 부족함을 조금이라도 메꿔주는 일이라는 점을 잊지 말아야 한다.

고생 끝에 값진 보상받기

방황 속 여러 가지를 시도해보는 시기, 청년기

청년기가 되면 사람은 누군가를 기쁘게 하는 것만으로는 만족하지 못한다. 이를 '자아 발견'이라고 하는데, 이 단어 자체는 자칫 오해하기 쉬운 함정이 숨겨져 있다.

자아 발견이란 더 정확히는 자신의 목표가 무엇인지, 무엇을 하고 싶은지, 무엇에 인생을 걸 것인지를 찾는 과정이라 할 수 있다. 나아가, 내가 납득할 수 있는 방법로 누군가를 기쁘게 해 줄 수 있는지 목적지를 찾는 여행이기도 하다. 이는 간단히 '나는 이런 사람이다'고 나타낼 수 있는 것이 아니고, 나아갈 길을 찾았다고 해서 내가 누군지 바로 알 수 있는 것도 아니다.

처음에는 내 목표가 저 너머에 있는 것처럼 막연한 방향성만 보인다. 사실 내가 생각했던 방향이 틀렸을 수도 있지만, 이는 결코 헛된 노력이 아니다. 그 방향이 아니라는 사실을 확실히 확인한 만큼 앞으로 나아간 것이다. 이런 과정에서 자신이 하고 싶은 일이 점점 구체적으로 눈에 들어오게 된다.

즉, 멈춘 상태에서는 아무리 생각한들 어디로 나아가야 할지 결코 알 수 없다. 시행착오를 겪어야만 비로소 올바른 방향을 찾을 수 있게 된다.

나 또한 이런 시기에 우왕좌왕하고 헤매면서 여러 도전을 해 보았던 일이 큰 도움이 되었다. 대학교를 중간에 자퇴하고 10년 넘게 학교를 다니기도 하며 부모님을 힘들게 했지만, 무엇 하나 허투루 하지 않았다.

고민이 될 때는 잠시 멈추는 것도 중요하지만, 절대적인 해결책은 되지 않는다. **방향이 틀려도 괜찮으니 일단 행동해 보아야 한다.** 물론, 내가 마음속에 가고자 하는 확실한 목표가 있다면 이를 향해 나아가면 된다. 만에 하나 원래 **목표에 다다르지 못해도 행동하는 과정에서 진정으로 나아가야 할 길을 찾기도 한다.** 그저 아무것도 하지 않고 가만히 있다면 이러한 것은 발견하지 못하고 끝나 버린다.

마음을 열면 가능성도 열린다

돌이켜보면 20대의 나는 무척 부정적이고 비관적인 사람이었다. 무슨 일이든 최악의 사태를 생각하는 버릇이 있었고, 혼자 생각에 빠져 침울해했다. 사람을 만나면 위축되어 내 기분을 이야기하거나 있는 그대로의 나를 드러내는 일에 강한 거부감과 수치심을 느꼈다. 마음 깊숙한 곳에서 나는 하찮은 존재라는 감각을 지워버릴 수 없었다.

사람은 누구나 인정받고 싶고 사랑받고 싶다는 본능적인 욕구를 가진다. 그러나 자신의 기분과 제대로 연결되어 있지 않으

고생 끝에 값진 보상받기

면 이를 솔직하게 표현하지 못하고 오히려 반대로 행동한다.

자주 부정당하거나 외면당하면 사랑받는 방법을 잊어버리고 어차피 다시 부정당할 것이라며 방어적인 자세를 취하고 상대방에게 곁을 주지 않는다. 때로는 상대에게 상처를 주기도 하는데, 그러면 당연히 상대방은 다가오려다가도 차갑게 외면하게 된다.

나에게도 그런 시기가 있었다.

하지만 내가 어떤 행동을 하든 아랑곳하지 않고 손을 내밀어 준 몇몇 사람들과 허심탄회하게 이야기를 나누고 부딪히기도 하면서 마음을 여는 법을 알게 되었다. 이는 나아가 정신과 의사로서 다양한 삶을 사는 사람들을 만나면서 원하든 원하지 않든 더욱 갈고닦을 수 있었던 경험이었던 것 같다.

때로 나보다 더욱 굳게 마음을 닫은 사람을 마주할 때, 내가 먼저 마음을 열지 않으면 아무것도 바뀌지 않는다. 마음을 열지 못하던 시절의 경험은 이러한 문제를 해결하는 데 큰 도움이 되었다. 과거에 다른 사람들이 내게 그러했던 것처럼 포기하지 않고 계속 말을 걸며 기다려 주면 상대방도 어느 순간 마음을 연다.

그때부터는 방어적인 자세에서 벗어나 조금씩 마음을 열기 시작할 것이다. 또한, 자신이 지닌 가능성 또한 점차 확장되고 다양한 만남과 기회에 과감히 도전할 수도 있게 된다.

실패해도 언젠가 보상으로 돌아온다

　그러므로 만일 자신의 가능성을 낮게 평가하는 사람이라면 더욱 과감하게 도전해 보길 바란다. 물론, 실패하거나 창피를 당할까 걱정하는 것은 당연하다. 하지만 아무것도 도전하지 않다가 죽기 전에 후회하는 것보다는 실패하더라도 할 수 있는 일을 시도해보는 편이 훨씬 낫다.

　특성으로 인한 괴로움과 부정적인 감정은 사라지지 않는다. 또한, 그러한 어려움과 단점이 없는 사람과 비교하면 남들은 당연히 할 수 있는 일조차 결코 당연하지 않으며, 같은 일이라도 몇 배는 더 피곤하고 시간이 걸리거나 중요한 부분에서 실수하기도 한다.

　열심히 해도 칭찬은커녕 오해를 사거나 예상치 못한 질책과 비난에 상처받기도 한다. 왜 이렇게 요령이 없고 서툴기만 한지, 스스로에게 화를 내거나 한심하다고 생각하기도 한다.

　그러나 그러한 고통이 있기에 손에 넣을 수 있는 것도 있다. 일을 거뜬히 해내는 사람은 알 수 없는 어떤 경지에 오르기도 한다.

　물론 내게 맞지 않으면 단념하는 것도 중요하다. 그럼에도 진정으로 하고 싶은 일이라면 끝까지 해 볼 만한 가치는 있다. 성공의 여부는 능력 차이보다도 제대로 할 수 있을 때까지 계속해서 도전할 수 있느냐에 달려있기 때문이다.

그리고 마지막으로 무슨 일이든 언젠가 반드시 보답이 돌아
온다는 사실을 꼭 말해주고 싶다. 인생에 무의미한 것은 없다.

주석

1 **뉴로피드백 훈련**

　뇌파의 상태를 모니터링하여 집중한 상태와 편안한 상태를 가시화하고, 원하는 뇌파 대역이 나타나면 소리와 영상으로 피드백을 제공해 뇌가 자율적인 학습을 하는 훈련법이다. ADHD/ADD, 자폐성 스펙트럼 장애, 우울증 등 다양한 증상에 개선 효과가 있다고 보고되었다.

2 **인지 행동 치료**

　인지, 즉 사물을 인식하는 방법에 영향을 주어 기분을 변화시키는 인지 치료와 행동의 계기와 결과를 처리해 행동을 변화시키는 행동 치료가 합쳐진 치료법이다. 우울증과 불안 장애 등 정신 질환을 비롯해 발달장애를 동반하는 문제 행동 개선에도 효과적이다.

3 **인지 훈련**

　정신 기능 전반의 기초가 되는 인지 능력을 강화함으로써 학습 능력, 주의력, 작업 능력뿐 아니라 정신 상태와 행동 개선을 꾀하는 방법이다. 예를 들어, 주의 전환 훈련으로 무언가에 집중하기 쉬운 경향을 개선하고 기분의 안정과 일상 활동 향상을 도울 수 있다.

4 **비중추 신경 자극제에 의한 약물 치료**

　주의력 결핍 과잉행동 장애 치료에 사용되는 약물로는 메틸페니데이트와 같이 도파민으로 전두엽 전영역을 직접 자극하여 뇌의 각성을 높이고 주의력을 끌어올리는 유형과, 아토목세틴과 같이 뇌의 각성에는 영향을 미치지 않고 전두엽 전영역의 기능을 향상시키는 유형이 있다. 비중추 신경 자극제에 의한 약물 치료는 후자를 가리킨다.

5 정신화 훈련

나와 타인의 행동 뒤에 숨어 있는 사고와 감정을 추측하고 이해하는 능력을 단련하는 훈련이다. 이 훈련을 통해 다른 사람의 기분을 쉽게 이해하고 인간관계를 원만하게 할 수 있다. 상담과 함께 시점을 전환하는 훈련과 마음챙김 등을 포함한다.

6 자기주장훈련

상대방의 의견도 존중하면서 자신의 감정과 의견을 균형 있게 주장하기 위한 훈련이다. 논리적 틀을 바탕으로 훈련하며 기술을 몸에 익힌다.

7 『불안형 애착 유형』

오카다 다카시, 『불안형 애착 유형 타인의 안색에 지배당하는 사람들(원제 不安型愛着スタイル　他人の顔色に支配される人々)』, 고분샤, 2022년.

8 마음챙김

명상과 요가를 의학적으로 발전시킨 방법으로, 호흡과 체감에 집중해 저항 없이 현실을 있는 그대로 느끼고 받아들이는 방법을 익힌다.

9 변증법적 행동 치료

인지 행동 치료와 선종의 개념을 통합한 치료법으로 자해와 자살을 시도하는 심각한 경계성 인격 장애의 개선을 위해 마샤 리네한(MARSJA M. LINEHAN)이 개발하였다. 이분법적 사고 방식을 개선해 양극단적인 감정과 행동의 개선을 꾀한다.

10 MBT(Mentalization-based treatment)

경계성 인격 장애를 치료하기 위해 피터 포나기(Peter Fonagy)가 개발한 치료법이다. 정신화를 향상시켜 감정 통제와 대인관계를 개선한다.

11 양가형 애착 개선 프로그램

경계성 인격 장애를 포함해 불안정한 애착 유형을 개선하고자 오카다 다카시가 개발한 프로그램이다. 변증법적 행동 치료와 MBT를 쉽게 시도할 수 있게 하여, 애착 문제와 연결된 인지 및 정신화 과제에 단계적으로 접근할 수 있다.

12 모리타 요법

모리타 마사타케(森田正馬)가 창시한 신경증을 극복하기 위한 정신 치료법이다. 모리타 본인의 체험과 선종의 개념을 근간으로 삼아, '불안과 공포를 제거'하지 않고 '있는 그대로' 받아들이는 것을 중시한다.

13 마음챙김 기반 인지 치료

인지 치료에 마음챙김의 접근법을 결합한 것이다. 불안, 우울함 같은 부정적인 감정과 인지에 대해 가치판단을 하지 않고 있는 그대로 받아들이되 그 감정을 느끼면서 그대로 흘려보내는 방법이다.

14 하코미 심리 치료

론 커츠(Ron Kurtz)가 확립한 심리 치료로 트라우마 치료의 일종이다. '하코미 (Hakomi)'란 미국의 원주민 호피족이 사용하는 언어로, '너는 누구냐'라는 뜻이다. '지금 이곳'에서의 경험을 느끼게 하면서 핵심 신념(Core Material, 어렸을 적 가정 환경에 의해 생겨난 마음의 갈등)에 착안해 감각과 이미지도 활용하며 이를 변화시켜 나간다.

15 신체감각 알아차리기(SE, Somatic Experiencing)

피터 A. 레빈(Peter A. Levine)이 창시한 트라우마 치료법이다. 트라우마 반응은 이성의 통제를 뛰어넘는 신체적인 반응을 동반하기 때문에 신체감각에 집중하고 몸에 갇힌 공포를 서서히 해방시킨다.

16 브레인스포팅

데이비드 그랜드(David Grand)가 개발한 트라우마 치료법이다. EMDR(Eye Movement Desensitization and Reprocessing, 안구 운동을 이용한 트라우마 치료)과 신체감각 알아차리기(SE) 등의 요소를 포함해 '신경계와 감각 체험에 연관이 있는 눈의 위치(브레인 스포팅)를 발견하고 이곳에 초점을 맞춰' 치유시킨다.

17 TFT(Thought Field Therapy)

로저 J. 칼라한(Roger J. Callahan)이 개발한 치료법으로 사고장 요법이라고도 한다. 침혈을 적절한 순서로 두드리며 심신의 증상 개선을 꾀한다.

18 수용 전념 치료(ACT, Acceptance and commitment therapy)

신세대 인지 행동 치료 중 하나로, 전문가와의 대화와 실천을 통해 '지금 이 순간' 자신의 생각과 감정을 수용하면서(Acceptance) 본인이 소중히 여기는 가치를 위해 행동하는 일(Commitment)을 추구한다.

19 공포·회피형 애착 유형(회피성 인격) 개선 프로그램

신세대 인지 행동 치료 중 하나로, 전문가와의 대화와 실천을 통해 '지금 이 순간' 자신의 생각과 감정을 수용하면서(Acceptance) 본인이 소중히 여기는 가치를 위해 행동하는 일(Commitment)을 추구한다.

참고도서

『ADHDの正体　その診断は正しいのか』岡田尊司. 新潮社. 2020.

『アドラーの生涯』エドワード・ホフマ}ン著. 岸見一郎訳. 金子書房. 2005.

『ヒトゲノムを解読した男　クレイグ・ベンター自伝』J・クレイグ・ベンター著. 野中香方子訳. 化学同人. 2008.

『メンタライゼーション・ハンドブック　MBTの基礎と臨床』J・G・アレン. P・フォナギー編. 狩野力八郎監修. 池田暁史訳. 岩崎学術出版. 2011.

『ユング自伝1―\思い出・夢・思想』　カール・グスタフ・ユング著. アニエラ・ヤッフェ編. 河合隼雄. 藤縄昭. 出井淑子訳. みすず書房. 1972.

『境界性パーソ\ナリティ障害の弁証法的行動療法　DBT によるBPDの治療』マ}ーシャ・M・リネハン著. 大野裕監訳. 阿佐美雅弘. 岩坂彰. 他訳. 誠信書房. 2007.

『脳科学者 ラモン・イ・カハル自伝 ―\悪童から探求者へ』サンティアゴ・ラモン・イ・カハル著. 後藤素規. 編. 小鹿原健二訳. 里文出版. 2009.

『発達障害「グレーゾーン」その正しい理解と克服法』岡田尊司. SB新書. 2022.

『不安型愛着スタイル』岡田尊司. 光文社新書. 2022.

『成功はゴミ箱の中に』レイ・クロック. ロバート・アンダーソ\ン著. 野地秩嘉監修

・構\成. 野崎椎恵訳. プレジデント社. 2007.

『身体に閉じ込められたトラウマ ソ\マ ティック・エクスペリエンシングによる最新のトラウマ}・ケア』ピーター・A・ラヴィーン著、池島良子、西村もゆ子、福井義一、牧野有可里訳、星和書店、2016.

『愛着アプローチ 医学モデルを超える新しい回復法』岡田尊司. 角川選書. 2018.

『愛着関係とメンタライジングによるトラウマ}治療』J・G・アレン著. 上地雄一郎. 神谷真由美訳. 北大路書房. 2017.

『愛着障害の克服』岡田尊司. 光文社新書. 2016.

「愛着関連障害と愛着アプローチ―\『医学モデル』から『愛着モデル』へのパラダイムシフト―\」岡田尊司『心身医学』62巻 5호. 2022.

"Health status and the five-factor personality traits in a nationally representative sample" Goodwin, R.D. &Friedman, H.S., J Health Psychol. 11(5), 2006.

"Autism Breakthrough：The groundbreaking method that has helped families all over the world", Raun K.Kaufman, St. Martin's Griffin, 2014.

"Attachment in adulthood; structure, dynamics, and change", Mario Mikulincer & Phillip R. Shaver, TheGuilford Press, 2007.

내가 그렇게 이상하다고?

내가 그렇게 이상하다고?

내가 몰랐던 나를 이해하는 방법

초판인쇄 2025년 8월 25일
초판발행 2025년 8월 25일

지은이 오카다 다카시
옮긴이 이담북스 편집부
발행인 채종준

출판총괄 박능원
국제업무 채보라
책임번역 문서영
책임편집 양수정
디자인 노유진
마케팅 문선영
전자책 정담자리

브랜드 이담북스
주소 경기도 파주시 회동길 230 (문발동)
투고문의 ksibook1@kstudy.com

발행처 한국학술정보(주)
출판신고 2003년 9월 25일 제406-2003-000012호
인쇄 북토리

ISBN 979-11-7457-024-6 03190

이담북스는 한국학술정보(주)의 학술/학습도서 출판 브랜드입니다.
이 시대 꼭 필요한 것만 담아 독자와 함께 공유한다는 의미를 나타냈습니다.
다양한 분야 전문가의 지식과 경험을 고스란히 전해 배움의 즐거움을 선물하는 책을 만들고자 합니다.